未来の学校

ポスト・コロナの公教育のリデザイン

石井英真

日本標準

はじめに

本書は，「with コロナ」において何を大事にし，その先にどのような学校像と公教育のあり方を描くのかを探究する試みです。

今から５年ほど前，当時進みつつあった内容ベースからコンピテンシー・ベースの改革に対して，その危険性と可能性を整理し，可能性の側面を追求するための改革の見取り図を提示すべく，『今求められる学力と学びとは―コンピテンシー・ベースのカリキュラムの光と影―』（日本標準，2015 年）というブックレットを上梓しました。そして，日本版コンピテンシー・ベースの新学習指導要領（2017 年告示）の実施前夜にすでに動き始めていた，AI や ICT の進歩に駆動される形での自由や個性，シームレスを基調とする教育改革の動きに対して，およそ 10 年後に予想される次の学習指導要領改訂に向けた議論の土台を作るべく，2019 年末あたりから，ブックレットの続編として本書の構想とそれに向けた準備を進めていました。

とくに，経済産業省の教育に関する有識者会議である「『未来の教室』と EdTech 研究会」による「未来の教室」構想は，テクノロジー活用にとどまらず，履修主義や学年学級制の是非など，日本の義務教育制度の基本的な枠組みの変更に関わる論点も提示しています。それにもかかわらず，その危うさも含めて，立ち止まって議論すべき点や参照すべき知見が示されないまま，耳あたりのよいぼんやりした言葉と論理によって意味づけられながら，教育の外側のアクターの推進力を背景に，スピーディーにさまざまな動きが活発化していることへの問題提起を，折に触れて行ってきました。

そうした状況下，新型コロナウイルス感染症によるコロナ禍が発生しました。休校が続くなか，普段足で稼いできた私は，現場が見えず，また，授業研究を軸にした学校づくりという専門性からして，学校を介さずには現実に働きかけられない無力感も覚えていました。それでも目の前の現実や子どもたちのために何かできることがないかと，メールやZoomなどで，学校現場や教育委員会や文部科学省の関係者などと連絡を取り合い対話し，オンライン授業研究なども行い，実態や課題をできる限り把握するように努めました。

親としても目の当たりにした，身動きが取れない学校現場。その背景に構造的な問題があるため，それぞれが何とかしないといけないと思っているのに動けず，学校内，学校と家庭・地域，学校現場と教育行政，教育委員会と文部科学省などの間で，それぞれの立場から見えている風景の違いが相互不信を深めていく。このままでは，修復が難しいくらいに世の中の学校への不信感が高まってしまいかねない。そのような危機感を感じ，この状況を少しでも解きほぐし，励ましや見通しを提供できたらと思い，機械音痴で筆不精でSNSも不慣れでしたが，Facebookや京都大学大学院教育学研究科E.FORUMのサイトで，その局面，局面で必要だと思うことを発信してきました。本書の第1章は，そうやって発信してきた内容をもとにしています。

こうして，コロナ禍における社会や学校の動きを観察していて，コロナ禍が新しい問題を生み出したというよりも，もともとあった問題がより顕在化・先鋭化した部分が大きく，そこに内在していた，異なる未来像に導く異なった変化のベクトルが競合しつつそれぞれに大きく進もうとしていることが見えてきました。この人類史的な出来事において，何を大事にし，変化の先にどのような日本の学校と日本の社会の未来像を描くのか。そうした問題意識から，本書では，コロナの先に公教育のバージョンアップをもたらすために，「withコロナ」のいま取り組むべきことを整理するとともに，コロナ以前から主題化されていた学校をめぐる構造的問題や教育改革をめぐる論点（「小さな学校」と「大きな学校」，AIと人間と教育，履修主義と修得主義，個別化・個性化と学校の共同性等）を確認したうえで，未来の日本の学校のヴィジョンを提起することを試みました。

この「はじめに」を書いている7月22日現在，再び感染も拡大してきており，まだまだ先が見えない状況です。そうした不確実性の高い状況で，「未来の学校」「ポスト・コロナ」というタイトルを掲げることには，リスクがあります。学問的探究は，多くの場合，現実が一区切りつくころに，現実と距離を置いて，禁欲的に慎重に観察し考察し知を生み出すものです。自らもその変化の渦中にあって，その変化の先の未来を語ることは，困難と恐れを伴います。しかし，世の中全体が先の見えない不安のなかにあり，一方で，さまざまなアクターによる新しい取り組みも活発化しています。そんないまだからこそ，先を見据え，できる限り確かな未来への見通しを示す仕事も必要ではないかと考え，リスクをとって思い切って動こうと筆を執りました。

とはいえ，本書が示すのは，耳あたりのよいキラキラした学校の未来像ではありません。現代の日本の問題状況もそれに対する改革構想も，日本の社会的・文化的土壌に深く根差しています。日本の社会や教育の強みと弱みは表裏であり，そうした根っこの社会的・文化的特質への洞察をふまえるからこそ得られる，見た目にとんがってもいないし地味ではあるが，本質においてラディカルな，日本の学校の未来像を考えたつもりです。その試みがどの程度成功しているか，日本の公教育の未来に向けた議論と挑戦を励まし導くものとなりえているかは，読者の方々のご批正を待ちたいと思います。

最後になりましたが，日本標準ならびに担当の郷田栄樹氏には，本書の企画から刊行にいたるまで，多大なご支援をいただきました。ここに記して感謝申し上げます。

石井英真

目　次

第1章

コロナ禍のなかで学校を問う

「withコロナ」の経験を「公教育のバージョンアップ」につなぐために

1　コロナ禍という経験をどう見るか

この第1章を書いている，2020年6月1日，学校は再開に向けて動いています。この書籍が刊行される時点で，再び一斉休校などになっていないことを祈るばかりですが，感染が起こらないよう細心の注意を払いながら，また，そのために苦慮している教師たちへのケアや働き方改革の視点をもちながら，できる限り学校を開いていくことがまずは重要です。学校が再開されるに際して，学校に行くこと，友達と一緒に学び生活できることを楽しみにしていた子どもたちも多いと思いますし，教師たちの多くは，子どもたちがいてこその自分たちの仕事だという思いを強くしたことでしょう。しかし一方で，学校再開後は速やかにコロナ以前に戻そうとする動きもあるように思います。オンラインは緊急的・一時的なもので，再開したらもうやらなくてもいいんじゃないか。まずは今まで通りの授業ができるようにして，授業を進めて，時数を回復しないといけない。そんなふうに思う気持ちもわかります。

しかし，感染拡大が一時的に落ち着いていたとしても，残念ながら，6月1日時点，また，おそらく本書が刊行されている時点でも，まだ「after コロナ」ではないでしょう。台風の目の中に入って訪れたひとときの平穏くらいの認識をもって，「with コロナ」であることを忘れてはなりません。また，コロナ禍でのさまざまな学校の困難は，コロナ以前からあった学校や授業をめぐる問題が顕在化した部分が大きいのです。その本質的な問題にメスを入れないまま，第2波，第3波にさらされたときに，学校がさらに保護者や子どもたちからの信頼を失い，深刻な状況に陥ることが危惧されます。

コロナ禍において，学び手目線でものを考えないといけない状況，何もしないことが逆にリスクである状況が生まれており，それらは萎縮し硬直化した日本の学校を変えていくチャンスでもあります。しかし，ここで学校が動かなければ，チャンスは今まで以上のピンチとなりかねません。ストレートな言い方をすれば，保護者や社会からすると「次はない」という気持ちなのではないでしょうか。たとえば，オンラインでつながっているのが当然でそうでなければ批判は免れない，次の局面はそのような状況になるでしょう。4月のゴールデンウイーク前であれば，オンラインでなくても，課題やプリントのやりとりや，電話でも，とにかくつながろうとする姿が子どもたちや保護者にはありがたかったと思いますが，さらに数か月たって同じ状況では，誠意を疑われてもしかたないかもしれません。状況は刻々と変わっています。何より，コロナ以前の学校に戻るのでは，再開後にあらわになっている状況，すなわち，さまざまに何らかの経験をした子どもたちに対して，学びのみならずケアの面でも多様で複合的な困難に柔軟に対応することも難しいでしょう。

一斉休校が解けて，目の前の子どもたちに今できることを精一杯やっていくなかで，子どもたちが安心して落ち着いて学び生活する場を整えていくことがまずは重要です。その一方で，変わりはじめた現場の意識や挑戦を励まし，オンライン環境というインフラ整備もこの機会に確実に進めて，「with コロナ」という観点で戦略的に取り組みを進めておくこと。それこそが，今後も起こりうるリスクに対応し，目の前の子どもたちに必要な支援を行っていくうえでも最大の備えとなります。さらにそれは，本当の意味での「after コロナ」が訪れたときに，これまで救えなかった子どもたちも救い続けられるような，「公教育のバージョンアップ」による恩恵を，子どもたちに手渡すことにもつながるでしょう。

長く続いた休校期間，そして分散登校へと至る，学校の当たり前が制約されたなかでの取り組みにおいて，教師も保護者も子どもたちも，しんどさだけでなく，当たり前にあったものの大事さの再確認，さらには，これまで考えもしなかった可能性への気づきやさまざまな発見もあったのではないでしょうか。そうした経験のなかに，「未来の学校」のヒントを見いだす目をもつことが重要です。たとえば，教師たちのなかには，オンライン化をきっかけに授業の工夫が楽しくなってきたり，分散登校の少人数学級状態で子どもたちとの関わりの原点を再確認したりする経験をした人も少なからずいるのではないかと思います。休校時のオンライン授業や分散登校に不登校気味の子どもたちも参加するようになったとしばしば耳にしますが，そこには子どもたちにとって真に居心地がよいつながりと空間のあり方を考えるヒントがあるように思います。また，休校中の子どもたち一人ひとりの経験に丁寧に耳を傾けてみると，しんどさを抱えた声のみならず，子どもたちのたくましさやしたたかさや物事をいろいろと考えている姿にも出会うかもしれません。

コロナ前に戻そうと急ぐのではなく，ここで改めて，自分たちの経験を見つめ直しながら，学校とは何か，授業とは何かを問い，普段と違う状況下だからこそ，いろいろと挑戦して，その経験から学びつくすこと。何より，子どもと教師の間の一種の遠距離恋愛状況が生み出した「程よい距離感」と，それが生み出す，つながりたい心通わせたいという想いを恒久化すること。そうした挑戦やつながりの意味の再確認のなかから，「未来の学校」が立ち上がってくるのではないでしょうか。

本章では，休校状態から学校再開に至るまでに経験したことの意味を見つめ直し，「with コロナ」の経験を「公教育のバージョンアップ」という未来の学校構想につなげていくうえでの視点として，以下の３つを挙げます。(1)「授業を進めること≠学ぶ権利を保障すること」(学び手目線で学習支援をデザインできる教育的想像力を磨く)，(2)「授業時数の回復≠学びの回復」(教育内容の精選・構造化で質を実現するカリキュラムづくりの主人公となる)，(3)「平時への復旧≠学校への信頼回復」(つながりの結び直しと越境を通して，学校内外の連帯とリスクのとれる自由な学校を構築する)。それぞれについてもう少し詳しくみていきましょう。

2　授業を進めること≠学ぶ権利を保障すること
―― 学び手目線で考える教育的想像力へ

(1) 遠隔と登校のハイブリッドのあり方

学校が再開されても，分散登校や密を避けねばならない状況，また，数年にわたり断続的な感染拡大とそれに伴う休校も考えうる状況をふまえれば，遠隔（オンラインに限らず文通的なやりとりも含む）と登校で主と従を切り替えながら，子どもたちの学習を支援していく形が，しばらくは続くかもしれません。すなわち，感染の流行期には遠隔学習を常態として，登校の機会に，子どもの生活を捉えたり，学びをつないだり，学びの手元を指導したりして，感染が収束してきたら登校の機会を増やし，しかし，密を避けるために遠隔学習を併用するのです。

こうした状況において，学ぶ権利をどう保障していけばよいのでしょうか，また，遠隔と登校のそれぞれをどうデザインしていけばよいのでしょうか。「学び」とは，子どもと世界との個人的，あるいは，協働的な対話の過程であって，「授業」は，その対話的な相互作用を組織化しながら，子どもたちを文化の世界へと手ほどきする営みです。密を避けての登校の機会を充実したものにするうえで，自習に解消されない授業という営みのエッセンスを生かして，遠隔時の家庭での生活や学習を少しでも充実したものにする工夫が不可欠です。

生活リズムを乱さないためにも，オンラインコンテンツを届けたりしつつ，子どもたちが学習計画を立てることを支援したり，通信添削のように，課題とフィードバックと学び方支援のシステムを確立したりする。そうしたオンラインコンテンツや自学支援システムは，そのままでは，無味乾燥な勉強になりがちです。しかし，教師と子どもの，子どもたち同士のつながりを第一に考え，授業動画はビデオメッセージのように，課題のやりとりは通信添削よりも文通や学級通信のように捉えることで，「自習勉強」は宛名を伴って文脈化され，子どもや教師，さらには保護者の「こころの温度」[1] も上がり，「学び」化されます。とくに，子どもも保護者も教師も，互いが見えないままに不安を抱えがちな状況においては，互いの声に耳を傾け，聴き合うつながりを構築していくことが，すべての取り組みの基点に据えられるべきでしょう。

一方で，子どもたちは学校がなくても生活のなかでさまざまなことを見聞きし，生活経験を積み重ねていっている点も忘れてはなりません。子どもたちがこの生活のなかで何を感じ，何を経験しているのか，それを日記のようにつづり，言語化してクラスメートと共有したりするなかで，「経験」は意識化され「学び」化されます。それは，生活科，理科，社会科，あるいは，総合学習や特別活動の担ってきた役割を補うでしょう。なお，休校をきっかけに，家庭で学校のような時間割を立てて生活したり，親が学校の教師のようにふるまうようになったりと，家庭生活が「学校化」する状況も見られるなか，逆に生活経験の意識化と言語化の機会を学校において展開することは，学校外の生の経験や感覚や生活者の視点から学校での学びを問い直し「非学校化」すること（教育くささを問い直すこと）にもつながるかもしれません。

こうして，自習勉強と生活経験を「学び」化し，学びの勘と思考の体力を鈍らせず，つながりを温める工夫を進める。そして，それらを土台として，登校時には，たまの再会を味わいながらも，学びをつなぎ深め，さらには一人ひとりの子どもたちにおける学んだことの習熟・定着（「学力」保障）につなげることが重要です。つながりや経験を保障したからといって，「学び」を保障したとは限りません。さらにいうと，「学び」という言葉は，中身や結果よりもプロセスにフォーカスしがちで，活動主義にならないように注意が必要です。一人ひとりに何事かを残し，力をつけていくという意味で，「テスト学力（得点力）」という意味にとどまらない，子どもたちに育てたいものとしての「学力」の保障を意識しておくことも必要です。

登校時につなぎ深めるうえでは，家庭での自習で進めてきたことを立ち止まって考え直してみる，そのように問い深める機会が重要です。できているつもり，わかっているつもりをゆさぶること，これは表情の機微やちょっとしたしぐさをキャッチしながら進めたほうが効果的で，遠隔では難しいでしょう。また，オンラインでは見えにくい学びの手元を確認し，個々の学習課題の達成や学びの経験を線でつなぎ，立体的に積み上げていくうえで，子どもたちの学びの履歴を蓄積し可視化するポートフォリオのようにノートを活用し，その指導から学びの深化・定着につなげていくことが有効です。さらに，遠隔状況で生じやすい格差を少しでも縮小するうえで，学習の遅れが生じがちな子どもたちに対する，少人数での手厚いフォローは重要でしょう。

子どもたちに学ぶ権利を保障するとはどういうことなのか。オンライン等も含めて，授業を届けるだけでは「機会の保障」にとどまりますし，学ぶ権利の保障は，勉強を進めるという意味での「(受験) 学力保証」にとどまるものでもないでしょう。つながりや居場所は，学びの基盤となるものであり，今まさに学校の役割として重要性が高まっていますが，「学び (学習経験) の保障」の名の下に，「学力保障」という言葉に込められてきた，文化や知の獲得をめざすなかで世界を知る志向性を薄めてしまっては，つながりや安心の保障にも至らないでしょう。

たとえば，漢字を勉強するのが楽しいと，しみじみ語る夜間中学[2]に通う年配の人たちの声に典型的にみられるように，文字や文化や知識を学ぶことは，進学・就職のため，履歴書などが書けるようになるといった実用性を超えて，今までと違う世界とつながり，視界が開け，より自由で人間らしくなったような感覚を潜在させています。受験のために割り切って学んでいても，解けるだけでなく，なるほどと納得したときに，目の前が開けたような感覚を経験することはあるでしょうし，今このとき感染症の歴史を紐《ひも》解くなど，現実世界と結び付けながら知を学ぶとき，解けた，わかったの先に，風景が違って見えたりもするでしょう。

もともと日本の教師たちは，徳育と知育を機械的に切り分けず，学級をつくりつつ授業をつくってきました。子どもたちのありのままの生活経験を作文につづり，それを学級で読み合ったり，学級通信で交流したりするなかで，子どもの表現を材として現実をリアルに捉え意識化する目 (認識) を育て，子どもたちの間につながりを生み出していった生活綴方《つづりかた》の実践，あるいは，斎藤喜博や東井義雄をはじめ，子どものつまずきを生かしながらみんなでわかっていく，練り上げのある創造的な一斉授業など，日本の教育実践の遺産から学ぶことも多いでしょう[3]。今こそ，つながりづくりの延長線上に，内容を伴いながら，学びと学力を保障し，そこからさらなるつながりを生み出していくことが，言い換えると，学びとつながりを往還させつつ，生活経験を「学び」化し，人間的成長につなげながら，一人ひとりのなかに「学力」化させていくことが求められています[4]。

(2) オンライン授業をどう考えるか

学ぶ権利の保障という点について，休校期間中，実際には，下記のような状況がしばしば見られました。ドリル的な課題を渡してそれをやるよう指示して終わり，動画を作っても，興味を引く演出を工夫した，内容解説的なものを提供するにとどまる。一方，双方向のオンライン授業についても，とくに中学・高校では，大規模化した講義で授業を進め，生徒たちが席についているかを監視しながら，結果をテストで点検する。いずれも，子どもたちがどう学んでいるのか，学び方や学びの質を想像し，それを支援する視点が弱いと言わざるをえません。たとえば，りんごの絵を５つ塗りつぶす算数プリントの課題の趣旨（5という数を量としてつかむ）を，子どもや保護者に意識的に伝える工夫をするだけでも，何のためにこんなお絵かきみたいなことをするんだろうという保護者の不安を緩和し，適切な見守りも促すことで，子どもの作業を算数的に意味のある活動としていくことができるでしょう。

授業のオンライン化については，これまでの授業をそのままの形で，ましてやそのままのクオリティで再現しようとするのは有効ではありません。それは，インスタントラーメンが，名店のホンモノのラーメンを再現することをめざすようなものです。同じ名前でくくられても，その特性は異なるので，それぞれに即した究め方が必要になります。苦労して動画配信しても，それだけでは子どもたちは学び始めません。また，Zoom 等のウェブ会議システムを使った同期型の授業も，子どもたちの集中力には限界がありますし，伝えられるものの制約，目への負担などの健康上のリスクもあります。むしろ発想を変えて，家庭での子どもたちの自習環境をどうサポートするかという発想で考えること，いわば，「授業」（わかるように順序だてて内容を教え授ける技術）から「受業」（自ら内容を修める学び方）への出発点の転換がポイントとなります[5]。課題と子どもが向かい合う自学自習を軸にしつつ，「オンライン授業」というより，「オンライン学習（支援）」という発想で，学びを持続させたり，質を高めたりすべく，共同性と身体性をもった授業の要素を無理のない範囲で付け加えていくわけです。

「授業」と「受業」は，どちらかが優れているというものではなく，歴史的なルーツや教えることと学ぶこととの関係づけ方などを異にする2つの様式です。教師にとって他者である子どもが理解できるように，教える側が素材や働きかけを調整する「授業」論においては，コミュニケーション過程が前景化し，指導言と学級づくりと教師のアートといった具合に，人のウエートが大きくなります。それは，歴史的に言えば，掛図[6]を用いた画一的注入（教え込み）に至りがちなところを，教えることと子どもたちの主体性を尊重することとの緊張関係を経て，創造的な一斉授業（練り上げ）という様式を生み出してきました[7]。他方，学ぶ側の学習対象への向かい方や心のもちようを説く「受業」論においては，課題遂行過程が前景化し，課題設計と学習形態と評価といった具合に，システムのウエートが大きくなります。それは，手習い[8]的自学（個別化）に陥りがちなところを，子ども任せにしない教師の指導や学校という場とつながりの力を生かす方向で，学び合い（個性化・協働化）という様式を生み出してきました[9]。

充実した自習の基盤として，これまで実施してきた授業について，1時間や単元の学習活動を通して，何を身につけさせたり育んだりしたいのかを改めて問い，今まで以上に目標を絞り込み明確化することが必要になります。そのうえで，それに取り組むことで目標が達せられるような，また，できる限り子どもたちの興味や思考を喚起するような，適切な学習課題を設計することが重要となります。目標と課題が明確であってこそ，子どもたちはそれを遂行する計画や手順などを自ら考えられるようになります。逆にそこがしっかりとデザインされていなければ，オンラインで遠隔でサポートしても，子どもたちが自ら学ぶようにはならないでしょう。

学習課題の設計に関して，多くのオンライン授業や自習課題の内容はドリル的なものに陥りがちで，断片的な知識・技能の獲得と定着（「知っている・できる」レベルの学力）にはつながっても，知識や経験をつないで概念の意味を理解したり（「わかる」レベルの学力），さらには，現実世界に近い文脈で知識・技能を総合的に活用したりすること（「使える」レベルの学力）には必ずしもつながらないように思います（学力・学習の質については，図1-1，30ページを参照）。学びに向かうことを支援する手だての工夫もセットで進めながら，学力・学習の質という点から，提供している学習課題を見つめ直し，その質を高めていくことが重要です。

質の高くない課題を大量に与えられるために，子どもたちも保護者も疲弊するのです。逆に，大学などでは，課題疲れの声の一方で，遠隔で課題に取り組ませるようになって，提出される課題の質が上がったという声も耳にします。オンライン学習は，良質の課題や問いを軸にした協働的なプロジェクト学習に挑戦する好機かもしれません。普段と違う雰囲気も手伝って，子どもたちは多かれ少なかれ自学モードになっていると思いますし，遠隔という制約の下で，教師の側も，直接手出しできないので，ICTのさまざまなツールやオンラインのシステム（学び探究し協働するための道具）を子どもたちに与えるなど，伴走者的な「足場かけ」の仕方を学ぶ機会となるでしょう。

プロジェクト型のオンライン学習で，しんどい子どもたちが手も足も出ない状況になることや，保護者の負担が大きくなることを避けるうえで，「使える」レベルの思考も意識した豊かで挑戦的な課題に，遠隔でも子どもたち自身で取り組めるようにしておくという見通しをもって，登校時の指導を組み立てていくことが必要です。そうして，高次の総合的な思考が試される質の高い課題に取り組むことが，初等・中等教育段階においてさらに広がり，中学・高校の段階で，ある主題について，硬い文献を読み込んで考え抜いたことをまとまった分量で論じるような，卒業論文的なエッセイが常態化していくなら，それをもとに選考を行う形での，評価改革や入試改革につながるかもしれません。

このようにいくら良質の学習課題を作成しても，それを子どもに手渡すだけでは学びは起こらないし，もし保護者等のサポートも得て課題をやり遂げたとしても，やりっぱなしになったり，取り組み方が的外れであったりしたら成果は期待できません。それゆえ課題の提示は，学習成果や，可能ならその取り組み方の確かめ（評価），そして適切なタイミングと内容によるフィードバック，回復学習・深化学習がセットで設計される必要があります[10]。そうした学習目標の明確化と学習成果の可視化は，子どもたちの動機づけにもなりえます。

オンラインでの双方向の指導体制や学習アプリ等も可能なら活用すればよいでしょうが，非同期型の文通的で通信添削的なやりとりであってもよい（むしろそのほうが，システム上のトラブルがあっても学びをつなげられる）ので，まずは「受業」（自学自習システム）の骨組みとなる，目標，課題，評価，フィードバックのシステムを組織化する。そのうえで，学びの中身を質的に豊かにしていくべく，また，子どもたちを学びに向かわせ，さらには，学び続ける力を育てるべく，「授業」として肉付けしていくわけです。それは，第５章において詳しく述べるように，等級制から合級制（複式学級）を経て学年学級の成立へと至る，義務教育制度の歴史とパラレルに展開してきた「日本の授業」の成立の歴史（能力別に，あるいは学級成立後は一斉に，知識・技能を授ける形に対して，複式学級で教師が全員を指導しきれないことから生まれた自学主義や，外来の子ども中心主義思想が変革の契機を投げかけるなかで，教えることと学ぶことのコミュニケーション過程として，また，個々人の学習を協働化し組織化する過程として，よりダイナミックで協働的なものとして授業観が構築されていく歴史）を発生的にたどり直しながら，授業の当たり前を捉え直していくことといえるでしょう。

授業としての肉付けに当たっては，今までやってきた授業を，活動の局面ごとに分節化し，一つ一つの活動の意味を考えてみるとよいでしょう[11]。それぞれの活動の分節が，いかなる目標を実現するために，いかなる機能を果たしてきたかを考え，類似の機能を果たしうるオンラインでの技術的レパートリーによる代替の仕方を考えていくのです。たとえば，Zoom等のウェブ会議システムを使うのなら，導入は，みんなで学んでいる空気感をつくりつつ気持ちを切り替えるために，ギャラリービューで顔が見えるようにする。課題提示は，黒板等に書く代わりに，スライドや動画等を画面共有し，自力解決はオフラインにし，グループワークはブレイクアウトルームで，適宜，話し合いの様子を見て回ったりしてもよい。全体交流では，グループワークでホワイトボードにまとめたり，Googleドキュメントで共同編集したものを共有したりしてもよいし，チャットやネット上の掲示板で質問を書き込ませて，ラジオ番組のお便り紹介的にそれに答えていく形で進めてもよい。まとめや解説用に5～15分程度の短めのYouTube等の動画コンテンツを使ったりするのもよいでしょう。内容説明はスライドショーで紙芝居的に行うのも一案です。

このように，オンライン授業は，必ずしもハイテクでなくても，むしろ形式としてはレトロな感じで丁寧に授業を作りこめば，ある程度まで授業としての質も担保しうると考えます。また，類似の機能であっても，メディアの特性を生かしたちょっとしたずれが，授業の新しい着想を生み出すこともあるでしょう。たとえば，町探検で校外学習をする代わりに，教師目線で撮影した町歩きの動画で学習することで，写真ほど事実の切り取りの意図性が強くなく，校外学習ほどノイズを含みすぎない形で，子どもたちは町の特徴に気づきやすくなるかもしれません。そうして，オンライン学習でざっくり町並みを捉える枠組みを補助線的に学んだうえで，登校時に実際に歩いてみて，そこでの気づきを共有するという展開も考えられるでしょう。

しかし，やはりそのメディアの特性上，下記のような限界もあります。生身の身体に声を届けるような語りかけは難しい。話すことや意見交流はできても熱は伝わりにくい。情報の伝達や論理的なやりとりはむしろやりやすいかもしれませんが，視覚や聴覚経由の学びにとどまらない，情動や熱量を伴ったコミュニケーションや，腹落ちするような認識の重さにはつながりにくいでしょう。また，学びの持続においては，みんなでいることによる，勉強しようという雰囲気や空気感も大きく作用するものですが，その点でもオンライン学習は限界があります。全員の顔が見えることによる一定の緊張感があったり，ブレイクアウトルームは対面のグループ学習以上にある種密室的ですらあります。チャットで書き込むほうが参加もしやすかったりします。しかし，画面越しでは画面の先の人々はどうしてもモノ化されがちで，臨場感を想像力で補わねばなりません。

(3) オンライン授業の先に何を見るか

身体性の欠如を背景にしたコミュニケーションコストや微妙なタイミングのずれなどもあり，オンラインは，学習内容の習得において，残り具合や集中の持続に難しさを抱えています。また，見よう見まねでやってみる観察学習を基盤とした，技や人としてのあり方のまねび（感染的模倣と人格的感化）がオンラインでどこまで可能かも疑問です。学ぶことの原点は，見よう見まねでまねぶ（模倣する）ことにあります。ただ見るだけでなく，場を共有していることで，見たり感じたりしたことが脳裏に残っているうちに身体が無意識に共振し，何らかの動きが誘発され，そこで実際に動いてみることで，相互作用的に身体や思考がかたどられる。さらに，まねびの対象となっている学び手にあこがれをもちはじめると，内面的にも追体験を試みはじめるようになり，あこがれの学び手の身体に刻み込まれた文化とつながりを自分のものとすることで，世界（実践共同体）に参加していく[12]。場を同じくしながら学ぶことで，ふるまいや学ぶ姿勢がおのずと染みついていくのはこうしたメカニズムによるのです。

語学等の対人的なコミュニケーション行為の一部は，顔を見ることで，口元や表情を通して，まねびが成立するかもしれませんが，体育科や美術科や数学科や社会科など，対象に向かう多くの教科の学びは，身体と心の向きやまなざしの先に見えているものや手元（対象への向き合い方や関係性）が見えないと，まねびの成立は難しいかもしれません。しかし，オンラインへの取り組みは，これまで当たり前と思っていた前提条件が失われたなかで，学習支援の原初的な形に立ち返って，「受業」との関係で「授業」を問い直す好機でもあります。

ここまでで述べてきたように，オンライン授業では，教室で場を共有することに由来する共通感覚やプレッシャーを伴った，教師と子ども，子どもと子どもの相互作用，そして，身体を介したコミュニケーションに由来する即応性（間延びとは違う「間」も含んだテンポ感）や応答性（タクト）を教師は封じられます。その分，目標の明確化とテスト以外の評価課題の工夫，授業を丁寧にシンプルに組み立てること，わかりやすく言葉を選んでゆっくり話すことなどに取り組まざるをえなくなります。さらに，リモート化状況で，教えることと学ぶこととの距離が顕在化されるために，子どもたちに対して，自己の感情と学習と時間のコントロール（学習方略と学習計画），問いの立て方，言葉の力（ノートのとり方，読み書きの技術，辞書の使い方等），デジタル・リテラシー（タイピングや情報検索を含むメディア機器の扱いとリスクの学習）といった，自習法（学び方）の意図的な指導も主題化されます[13]。

学び方の指導という観点からすると，オンライン授業で，問題を解いたり，ノートをまとめたりしている手元をこそ子どもたちに見せるとよいでしょう。また，オンラインで探究的に学ぶ際，情報検索で調べて終わり，わかったつもりになりがちです。むしろ最初は，教科書と資料集，そのほか教師が厳選したテクストや史資料など，資料を制約しつつ，先人の探究の厚みの先に生み出された確かなリソースの存在への気づきや，それをもとにまとめたり，考えを組み立てたりする経験を大事にし，知識構築を情報処理に終わらせない手だても必要でしょう。

そもそも授業とは「学びへの導入」であって，子どもの自助努力に丸投げの「受業」も問題なら，教えられなければ学べない「授業」依存状態も問題です。授業のオンライン化の核心は，リモート化を強いられるなかで，オンラインでポイントを絞ってサポートしつつ，オフラインでの子どもたちの自習を充実した形で成立させることにあります。教師から教わりつつも教わることから卒業し自律的に学び続けていく，そんな主体性をどう育むかという古くて新しい課題を提起しているのです。また，主体性という点からすれば，そもそも学校での学習という枠にとらわれず，休校時に，書物や趣味の世界に没頭したり，メディアが伝える社会問題と向き合ったり，ものを書いたり絵を描いたりと，やりたいことを自由にやりたいだけ取り組めれば言うことはありません。

こうして，予想される断続的な感染拡大にも備えるべく，学習支援の基盤を確立し，授業づくりを見つめ直す視点と新たなレパートリーを学んだうえで，自学としての「受業」に解消されない，学校という場で行われる「授業」ならではの意味を再確認することが必要です。家庭で一人で学ぶのではなかなか難しいこと。受験準備のための塾や予備校のような割り切った勉強には解消されないもの。学校で場を共有しながらみんなでこそ学べるもの。たとえばそれは，学ぶことで世の中の見方を学び，見晴らしがよくなったり，違った風景が見えてきたりするという，成長の保障や生活を豊かにする学びであったりするでしょう。ただ独り立ちを強いるのではなく，生きることに知性と文化性と成熟をもたらすような，「学び生きることへの導入」としての「授業」の可能性を，教師の仕事の矜持《きょうじ》を，コロナ禍のなかにおいてこそ確認したいものです。

(4) 子どもが見えない不安の先に子どもを想像する力を磨く

遠隔学習において，教師には「子どもが見えない」ことへの不安があります。自分の授業以外も含めて子どもたちの生活や学び全体の負担感を想像しづらいことに加えて，そうした不安ゆえに，宿題は多くなりがちです。また，オンライン授業で，画面に一人ひとりの子どもの顔が映し出されている状況は，普段見えない一人ひとりを効率よく把握できるように思えます。それは，見られているように感じる子ども側には，一種の遠隔監視的な緊張感をもたらしえますが，見ている教師の側からすると，自分も見られていることが可視化されるしんどさと，肝心な何かが対面時より「見えない」不安やもどかしさを感じているのではないでしょうか。子どもが「見える」という感覚の核心は，視覚的なものではなく，子どものかすかな動きやトーンの変化などをキャッチする触覚的な感知力です。この感知力がうまく働かないために不安になり，それを補うためにいつもより丁寧になったり，確かめの問いかけや課題が多くなったりもします。逆に，見えないことに鈍感になって，それがお互いにいい感じの距離感と解放感をもたらすこともありますが，子どもの反応がもたらすブレーキがかからず，早く進めすぎてしまうこともあるかもしれません。

Zoom 等による双方向でのオンライン授業は，良質のものであればあるほど，先述のように，対面以上に活動は構造化されていますし，何を学んだのかの確かめと学んだことを残す工夫が重要になります。一方で，ブレイクアウトの際に，「いってらっしゃーい」「おかえりー」という，いたわりや心を通わせようとする言葉かけも多くなるように思います。そうした声かけは，子どもたちの眼前に，ホームから送り出されるような文脈や風景をおぼろげにでも映し出すでしょう。密を避けて実施される登校時の授業も含め，物理的距離のある遠隔的状況において，授業づくりをしながらつながりをつくるうえでは，「想像の学習空間」を生み出すことが鍵となります。どんな風景が子どもたちの前に広がるかという視点を大事にした，子どもたちの想像力を喚起する仕掛けが重要です。

以上をふまえると，オンライン授業については，子どもの学び方と手元に着目し，つながりと宛名で学びの質と「こころの温度」を上げる，「わかる優しい授業」くらいのコンセプトがちょうどよいでしょう。その際，先述の子どもが見えない不安もあって，子どもたちの多様な発言を教師の言葉でまとめたり，対面時より引っ張ったりしがちになることを自覚しておくことも必要です。さらに言えば，先述のように，「授業は学びへの導入」であって，授業や学校の外での過ごし方と経験を充実させるという点からすると，授業を通してさらなる学びや探究にいざなうような，「もやもやするけど楽しい授業」をめざして，触発的な授業の終わり方，学習課題と問いの質や投げかけ方を一工夫してみてもよいでしょう[14]。コロナ禍という人類史的な経験や，長期休校における当たり前が当たり前でなくなった経験は，子どもたち一人ひとりのなかにも今までとは違う何事かを生み出しているはずです。そこと切り結び意識化と切実性を生み出す触発的な学びを組織化する試みは，子どもたちの人間的成熟につながるでしょう。

密を避けねばならないなか，アクティブ・ラーニングどころか，一方通行の授業へのゆり戻しも見られ，形だけのアクティブ・ラーニングであったことのもろさが表面化しているように思われます。現在の遠隔学習が投げかけている課題は，「授業を進める」ことが，「学ぶ権利を保障する」ことになっているとは限らないということ，また，授業を届けることに力を入れすぎて，学びを支援する仕掛けづくりに十分に取り組めていないということです。まさにそれらは，アクティブ・ラーニングや「主体的・対話的で深い学び」が提起されるなかで，学習者主体の授業，学習パラダイムへの転換などの言葉で問われていたものです。オンライン授業で問われているのも，本質的には，テクノロジーの質以上に，授業観なのです。

近代教育学の祖，ヘルバルト（Herbart, J. F.）は，教師の臨機応変の応答性や対応力を意味する「教育的タクト」を，教師に対する最低限の要求でありかつ最大限の要求であると述べました。授業や学習支援という点からすると，オンライン授業は実践の質の追求につながる最大限の要求とは言えないまでも，最低限の要求ではあるように思います。インスタントラーメンには，それ固有のよさはありますし，プロは何でもそれなりにアレンジしながらさばけないといけないと思いますが，先述のように，それで名店のホンモノのラーメンはめざせない。比喩的に言えば，こだわりを捨てたところに新たなジャンルやサービスの形が生まれる可能性も模索しつつも，専門職として究めるべき部分を見失ってはいけません。

教えたからといって，子どもたちが学んでいるとは限らない。遠隔学習は，この教育という営みの本質的な困難さを顕在化させるものですが，実は，教室での対面式授業でも，教えることと学ぶこととの間には，もともとこれくらいの距離感があったのかもしれません。このずれに気づき，学び手目線で教育活動を見直し構想する「教育的な想像力」を磨くことで，物理的な距離があったとしても心のつながりは密になり，子どもたちの深いところに届く授業の可能性も生まれるのではないでしょうか。

(5) 第２波，第３波への備えは，自治体の思い切ったインフラ整備と教師のICTいじりで

本章の冒頭でも述べたように，コロナの第２波，第３波への備えとして，オンライン環境の整備は急務です。ただ，後で詳しく述べるように，３カ月間の休校期間にオンラインの取り組みが進まなかった原因は，現場の不慣れ，家庭のネット環境や機材の不足以上に，とくに公立学校に関しては，自治体単位でのシステムのキャパシティや，学校の外に端末も持ち出せないなど，極めて不自由で内向きな情報セキュリティポリシーなどの障壁が大きかったように思います。閉鎖的で内向きなシステム構築のベクトルを，一般社会での通用性を高め，教師の在宅勤務等も可能にする方向へと転換していくことが必要ですし，そこにこそまずリソースを割く必要があります。

それなくしては，ハード面の条件が整って，端末が配備されてもそれを生かせません。逆に，学校が家庭や学校外とオンラインでつながるオープンなシステムさえ構築できていれば，仮に１人１台のタブレット等が配備されていなくても，既存の学校や家庭のリソースを生かし切ることで，休校中もオンラインでのつながりや学びを保障していくことはできるでしょう。Wi-Fiも含めたネット環境が整っていない家庭は，どの学校でも一定割合存在しま

すが，その割合は思ったほどには高くはなく，その子たちについては，学校で場所や端末を提供するなど，対応は可能なように思います。

各自治体が確実に上記のような条件整備を進めていく一方で，各学校において，教師たちも，いろいろな場面でICTをいじってみる機会を増やすことが重要です。休校が解けた今，無理にオンライン授業をやるというのは必然性に欠けますが，全校集会などを，学内でオンラインでやってみてもいいでしょうし，オンラインで課題や連絡事項などのやりとりを始めていたのであれば，宿題を出すのに使って反転授業[15]的に運用したり，家庭との連絡などにも継続して使えばよいでしょう。後でも述べるように，特別活動等で子どもたちにゆだねてみてもよいのではないでしょうか。とにかく，少なくともオンラインのつながりを，学校生活のなかや家庭との間に通わせておくこと。一度通わせておけば，いつでも立ち上げられます。

さらに重要なのは，ICTをいじってみること。リモコン付き家電でもゲームでも携帯電話でも，なんでもいじっているうちに身につくものです。遊び感覚で使うという点からすると，試しにオンライン懇親会でもやってみる，そんなところから始めてみるとよいでしょう。教職員同士で，あるいは，学校運営協議会で保護者や地域の人たちも交えたりして試してみる。やってみると，なんだこんなものかと気づくはずです。懇親会なら失敗も許されますし，勢いでいろいろとボタンをいじってみて，そこから気づくこともあります。

ICTの活用については，その実践やツールの紹介が過度に「未来形」のテンションを装っているために，機械に弱い人には遠いもののように感じて，それが取り組みを躊躇《ちゅうちょ》させてしまっているところもあるように思います。しかし，実際にやってみると，少なくとも一般向けのツールについては，ユーザビリティを大事にするので使い勝手もよいですし，それが万能薬のようなものでないことも見えてくるでしょう。

オンラインを経験したことがないからこそ不安も大きくなるのであって，大人たち自身が，遊びながら試行錯誤してみることで，その可能性もリスクも体験的に学ぶことができ，心理的なハードルは大きく下がり，食わず嫌いもなくなります。そうして慣れておきさえすれば，この状況でいま無理に子どもを交えてオンライン授業をすることは難しくても，いざというときに，システムさえ整えておけば動けるようになっていると思いますし，何より，一度そのうま味を覚えたら，登校時にも子どもたちのために授業などで使ってみようと思うでしょう。

大人の生活と学びにICTやオンラインを溶け込ませていくこと，それは子どもたちにも返っていくでしょうし，業務のスマート化による教師の働き方改革に向けたインフラ整備にもなります。オンラインは仕事を効率化できるでしょうし，まさにZoomは遠距離恋愛のためのツールとして生まれたのであって，遠く離れた人と人とをつなぐ力をもちます。この特性を生かして，外部講師を招いての校内研修や，教育委員会等が主催する研修会や講演会等において，教師たちの慣れと経験学習のために，意識的にオンラインを活用していくことはもっと進められてよいでしょう。

3　授業時数の回復≠学びの回復
――教育内容の精選・構造化で質を実現するカリキュラムづくりの主人公へ

(1) 教育内容の精選・構造化という課題

3カ月にも及ぶ休校期間中の「学習の遅れ」を取り戻すことは切実な課題で，教科横断的な視点ももちながら，教育内容の精選や構造化を進めることが喫緊の課題となっています。これに対して，文部科学省（以下，文科省）の「新型コロナウイルス感染症の影響を踏まえた学校教育活動等の実施における『学びの保障』の方向性等について（通知）」（2020年5月15日）は，学習指導要領や教科書の内容の扱い方に軽重をつけることを促しています。また，「学校全体として，地域の状況や児童生徒一人一人の状況を丁寧に把握し，教科等横断的な視点で児童生徒の学校生活の充実を図れるよう，教育活動や時間の配分等を検討するとともに，地域や家庭の協力も得て児童生徒の学習の効果を最大化できるようカリキュラム・マネジメントを行うこと」（「通知」p. 3）と下線が引かれ強調されているように，各地域や学校の裁量の拡大を励ます視点を見いだすこともできます。コロナ以前から課題になっていたカリキュラム・マネジメントの取り組みが，たんなる時数合わせではなく，真に各学校の実情に応じたカリキュラム開発につながるものとなっているのかが問われています。

もともと新学習指導要領については，内容過多や要求過剰が課題の一つとして指摘されていました。たとえば，文科省による，「平成30年度公立小・中学校等における教育課程の編成・実施状況調査」などによっても，標準授業時数を大きく上回る形で教育課程が計画，実施されてきた実態が示されています。コロナ以前の余剰分まで含んで授業時数を回復することを想定するのではなく，むしろ，もともとの標準時数程度まで内容を整理し，精選・構造化しようとする発想が肝要です。実際には，過度に儀式化し肥大化している行事などを整理するだけでも，授業時間数はかなり確保できるでしょう。

中心的な内容（登校時に理解を深める方向で指導）と周辺的な内容（家庭学習における予習・定着を支援）とを整理することを通した，内容の精選・構造化や，指導の軽重をつけるうえでの一定のガイドラインは，文科省による「新型コロナウイルス感染症対策に伴う児童生徒の『学びの保障』総合対策パッケージ」（2020年6月5日）の一環として，教科書会社からも提示されています。それらも参考にしながら，もし再び休校になったときにどのオンラインコンテンツを使うかなども含めて，年間指導計画は考えておく必要があるでしょう。しかし，都道府県や地域による差が大きい現状からして，子どもたちのニーズを見極めながら，各学校において，カリキュラムを主体的にデザインしていくことが重要です。学習指導要領に基づきつつも，そもそもカリキュラム編成権は学校にあるという点は確認しておきたいと思います。また，教科書も使用義務はあっても，それは主たる教材であって，教科書そのままになぞる，「教科書を教える」授業ではなく，目の前の子どもたちの生活経験や興味･関心等に応じて，教材の中身や配列等を工夫する，「教科書で教える」授業を創っていくことは，授業を工夫することの出発点です[16]。

(2) 学力・学習の質を念頭に置いてメインターゲットを絞り込む

教育内容の精選においては，より大きな内容のまとまりを構成する分野や領域とその中心概念を軸に，幹と枝葉を整理し，構造化することが必要です。その際，学力の構造を捉えるモデルを念頭に置いておくことが有効です。

図 1-1 は，学力・学習の質的レベルとそれに対応する教科内容（知識）のタイプ（知の構造）も示しています。ある教科内容に関する学びの深さ（学力・学習の質）は，図のように３つのレベルで捉えることができます。個別の知識・技能の習得状況を問う「知っている・できる」レベルの課題（例：穴埋め問題で「母集団」「標本平均」等の用語を答える）が解けるからといって，概念の意味理解を問う「わかる」レベルの課題（例：「ある食品会社で製造したお菓子の品質」等の調査場面が示され，全数調査と標本調査のどちらが適当かを判断し，その理由を答

図1-1　学力・学習の質的レベルと「知の構造」

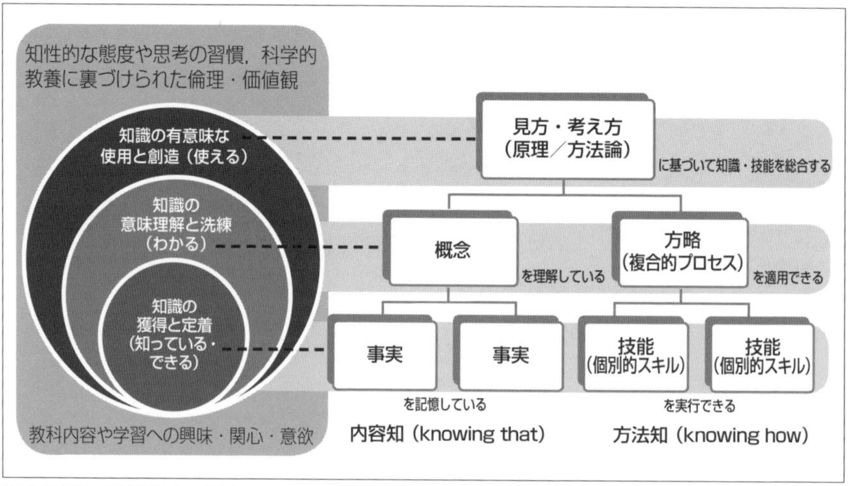

出典：石井（2020a）p. 74

える）が解けるとは限りません。さらに，「わかる」レベルの課題が解けるからといって，現実世界や実生活のリアルにつながる「真正《ホンモノ》の学び（authentic learning）」（第４章参照）において知識・技能を総合的に活用する力を試す，「使える」レベルの課題（例：広島市の軽自動車台数を推定する調査計画を立てる）が解けるとは限りません。なお，「使える」レベルの円の中に「わかる」レベルや「知っている・できる」レベルの円も包摂されている図の位置関係は，知識を使う活動を通して，知識の意味の学び直しや定着（機能的習熟）も促されることを示唆しています。

活動的で協働的な学びを展開しつつ，学業成績などの結果も保障していくためには，友達とともに「わかった感」を伴って学んだ内容を，学習者個々人が真に自分のものとし，自分のなかに定着させる機会，つまり習熟の機会を設ける必要があります。習熟というと，ドリル学習など演習を繰り返す方法（機械的習熟）をイメージしがちですが，たとえば英単語が英文読解や英作文で使うことにより定着していくのと同じで，知識・技能を現実の問題に活用したり，学んだことをまとめ直したり表現したりする活動も機能的習熟を促すのです。

学力・学習の質的レベルをふまえると，「考える力を育てるかどうか」という問い方ではなく，「どのレベルの考える力を育てるのか」という発想で考えていかねばならないことが見えてきます。従来の日本の教科指導で考える力の育成という場合，基本的な概念を発見的に豊かに学ばせ，そのプロセスで，知識の意味理解を促す「わかる」レベルの思考力（解釈，関連付け，構造化，比較・分類，一般化・特殊化，帰納的・演繹的推論など，理解志向の思考）も育てるというものでした（問題解決型授業）。

しかし，「かけ算」や「わり算」といった個別の内容を積み上げていくだけでは，それら一つ一つをいくら豊かに学んだとしても，目的や場面に応じて使用する演算を選ぶ経験などが欠落しがちとなります。よって，現実世界の文脈に対応して個別の知識・技能を総合する「使える」レベルの思考力（問題解決，意思決定，仮説的推論を含む証明・実験・調査，知やモノの創発など，活用志向の思考）を発揮する機会が独自に保障されねばならないのです。

「わかる」レベルの思考と「使える」レベルの思考の違いに関しては，ブルーム（Bloom, B. S.）の目標分類学[17]において，問題解決という場合に，「適用（application）」（特定の解法を少しアレンジすればうまく解決できる課題）と「総合（synthesis）」（論文を書いたり，企画書をまとめたりと，これを使えばうまくいくという明確な解法のない問題に対して，手持ちの知識・技能を総動員して取り組まねばならない課題）の２つのレベルが分けられていることが示唆的です。「わかる」授業を大切にする従来の日本の教育で応用問題という場合は「適用」問題が主流だったといえます。しかし，「使える」レベルの学力を育てるには，折にふれて，「総合」問題に取り組ませることが必要です。

「知の構造」では，まず内容知と方法知の２種類で知識が整理されています。そして，それぞれについて，学力・学習の３つの質的レベルに対応する形で，特殊の要素的な知識からより一般的で概括的な知識に至る知識のタイプが示されています。図 1-2 のように，単元の教科内容を「知の構造」の枠組みを

図1-2 「知の構造」を用いた教科内容の構造化

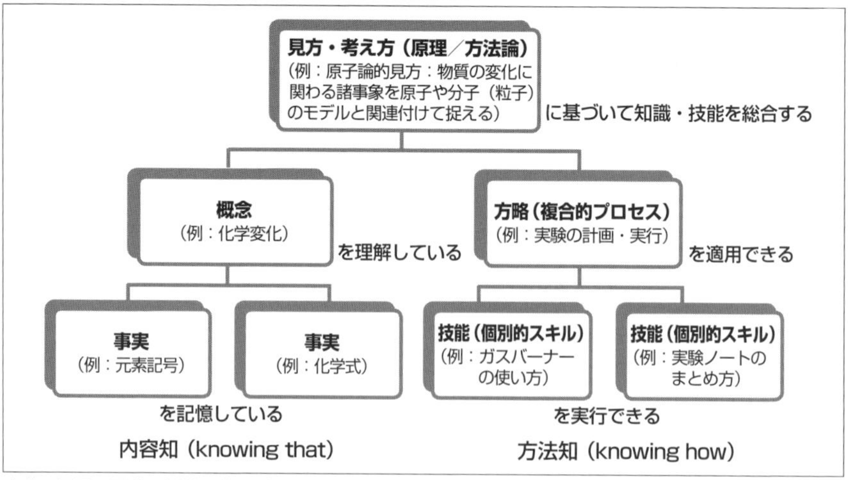

出典：西岡・石井・川地・北原（2013）p. 17の西岡作成の図に筆者が加筆・修正した。

使って整理することで，目標を精選し構造化することができます。単元レベルでは「使える」レベルの「総合」問題に取り組む機会を保障しつつ，毎時間の実践では「わかる」授業を展開することが重要です。

毎時間の授業で「わかる」授業を組織するには，その授業のメインターゲットを１つに絞ることを意識するとよいでしょう。目標となる知識項目の重みづけのできていない授業は，「次は，次は……」と内容を網羅する平板な授業に陥りがちです。何より，「わかる」レベルの学習においては，学習者自身が知識をつないで意味を構成する活動を保障することが重要であり，そうした活動の時間を確保するうえでも，目標の絞り込みは不可欠です。授業で最低限押さえるべき本質的な目標・内容を具体的に絞り込むことは，ドラマ的な授業展開の条件である追究過程の焦点化・簡略化にもつながり，シンプルでストーリー性をもった創造的な授業を見通しをもって進める基盤となりますし，ここ一番で学習者にゆだねる（グループワーク等も組織して，アクティブに考えることを促す）ポイントを見極めることにもつながります。

毎時間のメインターゲットを絞るうえで，内容知については，事実的知識よりもそれを要素として包摂し構造化する概念的知識に，方法知については，個別的な技能（機械的な作業）よりそれらを戦略的に組み合わせる複合的な方略（思考を伴う実践）に焦点を合わせることが有効です。このように，より一般的な知識に注目してこそ，授業での活動や討論において，要素を関連付け，深く思考する必然性が生まれます。

さらに，各単元を半分の時間で授業するとしたらどこは外せないのかといった具合に，単元レベルで本質的な内容を見極め，学びのストーリーを想像することは，教師としての力量の根っこを鍛えることにもつながるでしょう。

(3) 複数年度を見越したカリキュラムの再構成

こうして，幹となる中心概念を明らかにしながら，カリキュラムをタテに見ると，複数年度にわたって学びを回復していくヒントも見えてきます[18]。

もともと小学校の国語科，音楽科，図工科など一部の教科の学年縛りは２年単位です。たとえば，体育科であれば，「体つくり運動系」「器械運動系」「陸上運動系」等の領域について，それぞれの学年で網羅的に各領域の種目に取り組んできたものを，２年ごとにすべての領域を網羅する形に柔軟化することも考えられます。同様に，国語科でも，言語事項は当該学年で指導する一方で，「話すこと・聞くこと」「書くこと」「読むこと」については，教材を変えながら繰り返し学び質を高めていくものなので，扱う教材（作品）を精選することが考えられます。言葉の力を含む「わざ」的な内容は，繰り返すなかでせり上がることで上達するのであり，教材をなぞることよりも，むしろ少ない教材を深く扱うことで，学び直しや一皮むけて突き抜ける経験につなげていくこともできるでしょう。

言語能力や運動技能などについては，到達目標を明確化し，単元の大きな活動としては共通のものに取り組みながら，個別の基礎技能面について，進級試験的に自由進度学習のように運用することも考えられるでしょう。たとえば，「私のお気に入り」について友達に英語で紹介文を書くという自由度の高い活動に共通に取り組みながら，それぞれの英語レベルに合った語彙や文法事項等を用いて表現していく一方で，授業の展開において，一斉に同じことをやるだけでなく，自分に合った形態（個人・ペア・グループ）やペースで進められるフレックスな時間を設けて，教師の個別指導も交えつつ，各人がドリル教材や学習アプリ等で単語や文法事項の習得・習熟を図るといった具合です。フレックスな時間において，それぞれが別のことをやりながらも場は共有しておくことで，内容だけでなく，学びの姿勢などについても，自然な形での学び合いが起こりやすくなるでしょう。

学年縛りのある教科でも，たとえば算数科は，「時刻と時間」を１年生（何時何分），２年生（時刻と時間），３年生（時刻と時間の求め方）と，スパイラルに学ぶので，どの学年で重点的に指導するかを精査することも考えられます。各分野や領域の内容のまとまりで，個別の素材の扱いの軽重を整理することで，教科内容を精選していくわけです。ただし，カリキュラムのスパイラルな展開については，本質的な内容や思考に繰り返しふれることで，まず大づかみに学んで直観的，概念的な素地をつくり，徐々に肉付けしたり詳しく学んだりしていくという意味もあります。その趣旨が生かされるように，重なっている部分を無駄として機械的に削減するのではなく，たとえば，内容を超えて問われる各教科や領域の「本質的な問い」などを軸に考えていくことが必要でしょう[19]（例：「自然や社会のなかの伴って変わる2つの数量の関係をどう数値化・可視化し，その後の変化をどう予測するか」という問いを軸に，いわば関数的な考え方を働かせて，比例，一次関数，二次関数，指数関数等，使える関数のバリエーションを広げながら，現実事象の変化を予測する活動に繰り返し取り組む等）。

(4) 教科横断的な視点からのカリキュラムの再構成

また，カリキュラムをヨコに見て，主題（テーマ）や学び方で類似するものを関連付けたり統合したりすることも有効でしょう[20]。たとえば，環境問題という共通テーマについて，理科や社会科，外国語科など関連する単元を同時期に学ぶ。国語科で文学作品を鑑賞し，その感動を体育科，芸術科で表現し，情報科の時間にプレゼン資料を作成し，さらには，商業科の時間に作成した作品等を販売する計画を立てるといった具合です。

あるいは，社会科の町探検での調べ方の学習，理科の観察や実験の結果をまとめる活動，国語科のレポートのまとめ方や発表の仕方の学習など，学び方や伝え方の学習を関連付ける（教科横断的な情報活用・編集能力の育成）。さらに，そうした各教科の学び方の学習を統合し吸収しながら，家庭学習も含めて，子どもたちが自主的に調べたり追究したりしたことを表現し伝え合う活動として，「総合的な学習の時間」を運用することもできるでしょう。

コロナの影響で，子どもたちが楽しみにしていた修学旅行や宿泊活動や体育祭などの行事も中止になっていますが，ただ中止するだけでなく，この制約のなかで別の何かができないか，それを子どもたちとともに考えていくことは，子どもたちの「意見表明権」と自治的な活動を保障することにつながるのではないでしょうか。子どもたちの可能性を信じて，一緒にこの事態を乗り切っていこうと呼びかけたり，どうしたらよいかアイデアや提案を募ったり，思い切って任せて挑戦させてみたりすると，子どもたちは教師が思っている以上に応えてくれるのではないでしょうか。

この非常事態において，ICT の活用など，教師たちも今まさに学んでいます。教師と子どもたちがともに学び合う，さらに言えば，新しいものを吸収するのは子どものほうがたけているかもしれず，ICT の活用について，子どもたちの意見を聴いたり，助けを借りたりすることもあってよいでしょう。生徒会活動や行事などの自治的活動において，彼らのほうが自由自在に機器やツールを使いこなして，大人よりも上手に Zoom 会議等を行ったりしながら，オンライン文化祭など，新しい取り組みを進めてくれるでしょう。そこから教師が教えられることも多いと思います。

(5) 学びの遅れとその回復とはどういうことか

そもそも学びの遅れとその回復とはどういうことなのでしょうか。授業を進められていないのが「遅れ」であって，国がこれでこなしたとみなす年間指導計画を示してくれたら，それを遂行して「回復」したことになるというのでは，形骸化した履修主義と言わざるをえません。授業を通して，何がどのような形で身についていれば学んだといえるのかという問いに向き合い，学習成果に着目してそれをちゃんと保障していく修得主義寄りで考えていくことは必要です。他方，修得主義が，結局はペーパーテストの問題が解ければよいと，問題を解いて進めることに陥るのには注意を要します。また，どの子も落ちこぼさない（落第させない「落ちこぼれ」問題への対応）という大人たちの覚悟なしに，進められる子は自由にどんどん進めたらよい（飛び級も促進する「吹きこぼれ」問題への対応）という点のみが素朴に強調されると，学力格差や学びの分断につながりかねません（なお，履修主義と修得主義の問題については，第５章で詳しく述べます）。

休校中に生じた格差に対応するために，成績づけに関係しないことを伝えたうえで，診断的・形成的評価として，子どもたち一人ひとりの学習状況を確認する作業は一定必要でしょう。しかしそこで問題が解けたかどうかだけを診断的に評価するのでは，子どもたちの隠れたニーズを見落とすことになるかもしれません。たとえば，78 − 39 = 417 と答えた子どもは，計算の手続きを正しく習得できていないというレベル（やり方のつまずき）ではなく，39 や 417 といった数の量感がイメージできていない（意味のつまずき），もっと言えば，そもそも算数の計算は現実世界とはまったく関係のない記号操作としか捉えられていないのかもしれません（学び方のつまずき）。休校明けの子どもたちについて，手厚くフォローされるべきは，意味や学び方のつまずきであって，学校でみんなで生活しながら学ぶ授業が力をもつのはこの点においてです。

また，休校中に生活が乱れたり，ケアされない状況が深刻化したりしている子どもたちもいます。教科等横断的にカリキュラム全体を見直す際には，子どもたちが学校という場をどう経験し生きているか（生きられたカリキュラム〈curriculum-as-lived〉）にも思いをはせ，パブリックなつながりとほっとできる空間のなかで，知的で文化的な生活のリズムを保障していく視点も必要です。つながりと生活のなかで長いスパンで学びと成長を保障していく，履修主義のエッセンスを生かしていくのです。

テストで測りやすい基礎的な知識・技能に視野が限定されることも問題なら，内容は網羅しなくても意欲や学び方が高まればよいと，内容習得という量的問題を安易に手放すのも危ういでしょう。評価の３観点（知識・技能，思考・判断・表現，主体的に学習に取り組む態度）[21]も一つの手掛かりとして意識しながら，内容に即して学び深めや学力の質を確かめる評価課題（現時点では成績づけを急ぐより形成的評価として運用する）を考えてみることも，各単元の核となるものを見極める一助となるでしょう。

深めるべき中心的な内容が明確化されることで，知識の網羅的習得に終始せず，中心的な概念を深く学んで思考力・判断力・表現力等を育成するという，新学習指導要領が提起していた趣旨も実現されやすくなると考えられます。量が一定の質を担保することも真ですが，“less is more”（少ない内容を深く学ぶことでより多くを学べる）という言葉が示すように，質が量を担保することもまた真です。時数回復（学習量の確保）自体が自己目的化するのではなく，協働的な学び合いなど，子どもたちをケアする視点も盛り込みながら，学びの質を大事にすることが求められます。

(6)「with コロナ」の教室での授業で大事にすべきこと

コロナ禍のなかで子どもたちの多くはストレスや不安感が高まっています。加えて，体育祭，文化祭，修学旅行等の行事，そして，部活動の最後の大会もなくなって，学校生活にメリハリをもたらす見せ場や節目がなくなり，いろんな意味でケジメをつけられず，もやもやを抱えながら，モチベーションも上がらないまま，子どもたちはずるずると学校生活を送ることになります。

すでに述べたように，従来の行事に代わるものを，子どもたち自身も交えて，むしろ子どもたち主体で考えてみる取り組みは重要です。しかし，それでもなお，授業のあり方が学校生活の鍵を握るという状況が，今まで以上に高まることは間違いありません。中学校であれば，1時間を45分にして7時間で実施する，数学が1日3時間ある，そんな状況も生まれうるなか，授業がただ時数をこなしたり，内容を網羅したりすることに終始するなら，区切りをつけられないまま進路の不安も抱える最終学年はもちろん，新入生も，新生活のワクワク感を感じられないどころか，「小学校って，中学校って，高校ってこんなにつまらないものなのか」と，学校に失望してしまうかもしれません。不登校児はこれまで以上に学校に来たくなくなるでしょうし，新たに不登校になる子どもが増えること，静かな荒れの発生，精神的不調などが危惧されます。

授業は最大の生徒指導や荒れ対策だと言われたりしますが，まさに今この点を確認しておく必要があります。授業を進めないといけない，子ども同士のやりとりも難しいということを口実にして，ただ教師が一方的に話すだけであったり，問題を解いてこなすだけであったりする授業になっていないでしょうか。教科書すら開けずに，ノートに思考をまとめることもせずに，すなわち，意味理解や思考を深める活動などを省略して，漫然とただプリントを穴埋めするだけの，ワクワク感も彩りもない文字通り無味乾燥な授業になっていないでしょうか。

子どもたちを飽きさせないために実習やグループ活動でお茶を濁すようなこともできなくなり，このような状況だからこそ，教材のネタや教材提示や授業の組み立ての工夫が重要です。たとえば，アルファベットを学ぶ中学校1年の英語の授業，大文字の意味について，学校のいたるところに掲示されているSDGs（Sustainable Development Goals〈持続可能な開発目標〉）という言葉が，英語の頭文字を並べたものだということを確認するとともに，ニュースで見かけるCOVID-19（新型コロナウイルス感染症）の意味をたずね，それも英語の頭文字をとったものだと説明する。さらに，GAFA（Google・Amazon・Facebook・Apple）という言葉を知っているか問いかけ，大型モニターに，グーグルやアマゾンなどのロゴを映し出しながら，その意味を確認する。

そこでは，子どもたちの生活と結び付けながら，社会に目を開いていく志向性ももって，記号ではなく生きたことばとして，子どもたちと英語との出会いの場がアレンジされています。こうして，教科の内容の本質を見極め，子どもの生活と結び付け，手持ちのツールを最大限に生かすところに，ちょっとした工夫であっても，彩りのある授業が生まれ，子どもたち，そして教師の「こころの温度」も上がるのです。

とくに，子どもたちはコロナ禍という共通の歴史的出来事において，それぞれに多様な経験をしているのであって，それを生かさない手はありません。道徳科の授業などは子どもたちの経験を聴き合うことから始めてもいいでしょうし，地理で北半球，南半球などについて扱うなら，それとコロナの流行とを結び付けて教えることもできるでしょうし，感染者数のグラフに関数や統計的な内容を見いだすこともできるでしょう。密を避けながらどのように遊べばよいのかについて，大人たちが考えたルールの案も示しながら，新しい遊びやルールのあり方を考える機会を学級活動等で設定することで，子どもが自分たちの力で学校を楽しい場所にしていけたりもするでしょう。

また，こうして教材や授業の組み立ての工夫によって，子どもたちと教師の間に信頼とつながりを生み出す一方で，授業を通して，子どもたち同士のつながりを生み出していく視点を忘れてはなりません。場と経験を共有したり，休み時間などに友達と話したりすることの積み重ねは，教室に交わりとつながりを生み出しますが，授業における共通の題材をもとにしたパブリックなコミュニケーションを通してこそ見えてくる友達の意見や顔，そこで構築されていく信頼関係や文化の存在も重要です。

子ども同士の交流という点について，現状ではむしろ学校という場で密を避けて学ぶよりも，オンライン授業のほうが双方向でのやりとりがやりやすいくらいかもしれません。登校時でも学校内でICTを駆使して子どもたちの学びの双方向性を担保できるのであれば，そういう取り組みを進めていけばよいでしょう。しかし，ICTを使った○○というツールがなければ子どもたちのつながりをつくれないという技術頼みではなく，やれることはいろいろとあると思います。

子どもたちの考えやその表現をホワイトボードにまとめて，黒板等で共有しながら，教師と子どもの問答を軸に，それぞれの子どもの発言をつなぎながら構成する，日本の伝統的な練り上げの授業を展開することはできるでしょう。各人の意見が書かれたホワイトボードやワークシートや作品を机の上に置いておいて見て回る，筆談で言いたいことを伝えようとするなど，お隣との話し言葉でのやりとりが制約されたなかだからこそ生まれてくる新たな教育文化もあるかもしれません。かつて戦争で肺を侵され大声が出せなくなったフランスの教師，フレネ（Freinet, C.）が，教室に印刷機を持ち込み，子どもたちの自由作文を生かした学校印刷所，学校間通信などの実践を生み出したように。

長い休校を経て，みんなが学校に戻ってきて，とくに授業の場面で，学校や教師のみならず，子どもたち自身がいろいろと自己規制している部分もあるように思います。たとえば，授業で教師が笑いをとることをためらうだけでなく，子どもたちのほうも，笑ってはいけないと思っていたりします。「そこは笑うところだよ」とちょっと投げかけるだけで，にこっとする笑顔が教室に戻ってくるかもしれません。心に余裕がないなかで教室から笑顔が消えていないか。ヤマ場もなくただこなすだけで，子どもたちもなんとなくぼけっとしてけだるい授業になっていないか。子どもたちの頭と心を動かすような，ピリッとした，学びに向かっているいい意味での緊張感と，ほっとして笑顔がこぼれる瞬間がある，そんな教室空間をつくっていけるとよいでしょう。

非常時だからこそ，授業づくりの軸がブレていないか再確認が必要です。不登校の子どもたちを増やさず，むしろ学校に通いたくなるような，そんな授業づくり学校づくりがめざすべき原点を見失ってはいけません。

4　平時への復旧≠学校への信頼回復
——つながりを結び直し，学校の自由と大人たちの連帯へ

(1)「動き出さないことがリスク」という状態で挑戦と信頼の連鎖を創る

オンライン化がなかなか進まない等，学校の動きが鈍い背景には，タブレット等の未整備，家庭の情報環境といった条件整備面の問題に加え，できるところから始めようとしてLINEやYouTubeなどを使おうとしても，何か一つ問題が起こったらLINEやYouTubeなどの使用という選択肢自体を放棄するといった具合に，挑戦のためのリスクをとらない，正確には，とれなく

なってしまったともいえる，コロナ以前から続く学校の萎縮と硬直化の問題があります。各自治体の回線のキャパシティの小ささや一括管理システム，管理者権限のハードルが高くてアプリをダウンロードするにしても手間がかかる状況，学校から外に持ち出さないことを前提とした厳格すぎる情報セキュリティポリシー等にも，学校の一括性と閉鎖性と萎縮性が表れています。

しかし逆に，世間の学校不信，そして上に伺いを立てることの連続で萎縮してきた学校現場，がんじがらめで挑戦する勇気を萎えさせられてきたこの状況をこそ，コロナ禍を契機に打開できたなら，そこにはもっと自由で，本当の意味で子どもも教師も学びに向かえる学校の可能性が拓《ひら》けるのではないか。そこに，公教育全体がオンライン化に取り組むことが生み出す，人的，物的な巨大なリソースが加わることで，スマートに実装した，教育機能や保護機能等において「大きな学校」が立ち現れる可能性を追求していくことが必要だと考えます。とくに，この間苦境に立ってきた多くの公立学校は，「眠れる獅子」のような可能性を秘めていると思います。

安易に脱学校という名の教育の私事化・市場化（学校のスリム化による「小さな学校」）のほうへは行かず，学校という制度とそのキャパシティを信頼する方向で，教育の公共性と公平性の実現の方向でふんばること，この状況では，動かないことが最大のリスクであって，「どうせ動いても動かなくても批判されるなら……」と，しっかりと子どもたちと保護者の声やその根っこにある願いや不安を聴きとったうえで，子どもたちのためになることなら，少しのリスクは引き受けながらアクションを起こしてみる。アクションが，目の前の子どもたちや保護者の不安やニーズに少しでも応えるものであれば，それは学校や教師への信頼を生み出していくと思います。萎縮と不信の連鎖から挑戦と信頼の連鎖へと，今こそ一歩を踏み出すことが大事です。

一方で，オンラインの取り組みや学びとケアの保障のための新たな取り組みなど，リスクをとって挑戦して何か起こったら学校を責めるのではなく，学校を信じて見守り，時には，他の保護者や地域の人々の袖を引っ張って，挑戦をサポートするような，学校や教師の応援団が，保護者や地域のなかに生まれてくることも期待します。学校の取り組みに何か疑問がある場合も，何か事情や意図があると思って，「おかしいじゃないか」と言う前に，まずは学校や教師の話を聴いてみること，逆に学校側も，学校や子どもたちの状況，および自分たちの趣旨や想いの説明を丁寧にしていくことが大事でしょうし，ヘルプを出して学校に当事者意識をもって関わる人を増やすことで，相互理解も進むでしょう。

(2) 子どもの声と姿で学校経営に背骨を通す

学校や教師たちが一歩踏み出すうえでも，休校中，子どもたちは何をしていたのか，どのような経験をしてきたのか，いま何を感じ，何を求めているのか，これらを聴きとるところから始める必要があると思います。子どもたちはこうに違いないという思い込みで，大人の思いの押し付けにならないように，また，本人も自覚していないような子どもたちの本当のニーズに気づくためにも。それは，オンラインで授業を進めてきた学校においても大事です。子どもたちの想いに寄り添い，その立場から考えていくこと，そうした教師の仕事の原点を再確認していくことが大切です。

「ねらい（目標）」の先に「ねがい（目的）」やヴィジョンを見据えるべく，「目の前の子どもたちの課題はどこにあって，子どもたちにどう育ってほしいか」について教師の間で話し合い，子どもの姿で学校としてのヴィジョンを対話的に共有すること。さらに，授業研究などを通して，子どもたちの学びの事実でヴィジョンの具体を追究し続けていくこと。ヴィジョンの対話的共有と教師が協働的に学ぶ場づくりを，めざす子ども像の探究という軸でつなぐことで，学校ぐるみの組織的な取り組みに背骨を通すことができます[22]。オンライン学習でもなんでも手法から入ると，教師たちの間には抵抗も大きくなります。しかし，子どもの話から始めると，方向性も共有されやすいでしょう。目の前の子どもたちのために必要なことという観点で，教師の間でマインドセットをそろえたうえで，実際にその方向で取り組みを進めてみて，子どもの変化や育ちを感じたときに，教師の実践は変わっていきます。学校改革は子どもの姿が駆動するものなのです。

こうして，子どもの姿で背骨を通しておくことで，教師同士はもちろん，学校内外の大人たちの間で連帯もしやすくなり，学校経営やカリキュラム開発は，業務や組織の改善にとどまらず，子どもの学びの変革に届くものとなっていきます。そして，ヴィジョンを共有したうえで，それぞれの教師たちの「こんなことをやってみてはどうだろう」「やってみたい」という声を尊重し，「やりたければどうぞ」ではなく，「おもしろそう，それやってみて」と背中を押し，挑戦がほかの人にも伝播するのを促すような，ワンマン型でも調整型でもない，支援型・尊重型の管理職のリーダーシップが期待されます。

さらに，とくに，このコロナ禍においては，いま学校や授業に何を求めているか，子どもたちの声を丁寧に聴きとりながら，とくに中高生であれば，学校や授業のあり方を子どもたちも交えて一緒に考え，方向性を共有していくことが大事になってくるように思われます。たとえば，遠距離ゆえに気づけた「いいあんばい」は，学校再開後も続けていく道を探るべきでしょう。子どもたちに実際に聴いてみると，学校で友達と学びたいという声も多いでしょうが，一方で，感染のリスクが怖い，学校に行くのが不安，このままオンライン学習あるいはオンラインと登校の組み合わせのほうが自分には合っているといった声も少なからずあると思います。

第２波，第３波を視野に入れたとき，希望者はオンラインによる遠隔学習，いわば選択的不登校という選択肢も拡大するかもしれません。その場合も，学校や学級というホームが「想像の空間や共同体」として存在していることが重要です。それぞれに適した距離感で学校というホームとつながっていることで，感染状況が落ち着いたら，学校が苦手な子も，クラスが楽しそうだなと思ったり，人恋しくなったりしてきたら，学校という場に集ってくるのではないでしょうか。

(3) さまざまな大人たちのつながりが創る「大きな学校」

こうして，子どもたちの声をもとに，子どもたちと一緒に学校や授業を立ち上げ直す挑戦を進めるのみならず，学校を萎縮させてきた学校不信の根っこにある，社会から学校への過度な要求と消費者感覚的な保護者の学校へのまなざしを再構成し，学校をめぐる新たな連帯関係を構築していくことが重要です。たとえば，オンライン授業の一つの課題として，毎日が授業参観となり，下手をすると，パフォーマンスや見栄えのよさに目が行きがちで，保護者の消費者感覚的なまなざしが強まり，教師が萎縮することなども起こりえます。逆に，子どもたちのナマの声や考え方がつづられたワークシートや作品に保護者がふれる機会が増えたり，さらには，学級通信等に保護者の声も載せたりしていくなど，固有名性の高い対話的なアカウンタビリティによって，信頼や連帯を構築しやすくなるかもしれません[23]。

休校中から引き続き，保護者は不安やさまざまな思いをもって，学校を見つめています。このような時こそ，そうした声を聴きとり，保護者からは見えにくい学校側の困難や水面下の取り組みなども丁寧に説明し，また，子どもや保護者，そして教師の「こころの温度」を上げるという観点から，それぞれの不安や想いに寄り添う姿勢や一言を添えることで，家庭と学校の間に新しい信頼関係や連帯や絆が生まれてくるように思います。

そうして，家庭と学校の間の信頼関係の再構築を大切にしながら，教師だけが学校のさまざまな仕事をすべて担うのではなく，ただでさえコロナ以前からブラック化が問題視されていた教員の労働条件・待遇の改善や教員の増員に向けて手だてを講じながら，学校内外のリソースを総動員して，教師が子どもたちの学習支援の本丸とケアに集中できるための条件整備を行うことが不可欠です。消毒，健康管理，給食の配膳，資料印刷などの作業的なものについては保護者や地域の協力を求めたり，また，遅れがちな子どもたちへの登校時の補充学習やオンライン家庭教師的な個別支援等については，退職教員や大学生ボランティアや教育実習生等の学習指導員を活用したり，ICTを用いた「AI 先生」的な個別最適化された学習支援ツールも，使える部分には積極的に活用したりすればよいでしょう。さらに，子どもたちの居場所づくりや社会参画を促す NPO 団体等による社会教育活動と学校教育のパートナーシップの構築は，消費社会，および，市場化とも結び付いた学校化社会にからめとられて，スマホ漬けや習い事漬けになりがちな子どもたちの学校外生活を，関心や問題意識を共有する者同士の学校を超えたネットワークや，市民社会のホンモノの活動につないでいくきっかけになるかもしれません。

これまで学校はオールインワンで，子どもたちの居場所（保護機能）であり，社会生活の場（社会化機能）であり，学びと成長を保障する場（教育機能）でもありました。学校の機能を，教師だけが背負い込むのではなく，地域やさまざまな団体や専門家等と連帯しながら，協働的・分散的に担っていくこと，そのなかで，保護者を含めた大人や社会の教育への当事者意識を形成していくことが重要です。ただし，こうした動きを学校スリム化と捉え，教育機能は ICT や塾などで，社会化機能は民間団体が提供する社会教育プログラムで代替できるから，学校は保護機能に特化すればよいのではないかなどと考えるのは早計でしょう。

いわゆる「民間」で提供されるコンテンツやプログラムやサービスは，それぞれに特化した問題意識と強みをもっているのであって，それらをうまく組み合わせても，そこからこぼれてしまうものが出てきますし，とくに，複合的なニーズを抱える本当にしんどい子どもたちに届きにくい部分もあるように思います。学校をスマート化し，新しい技術を使ったり，学校の仕事を外注したりすれば問題が解決するし，明るい未来が待っているというのは，残念ながら誇大広告です。日本の場合はとくに，暮らしを送るコミュニティや場としての学校の「まるごと性」のもつキャパシティを土台に，それがもたらす息苦しさに程よく風穴を開けたり，同調主義的なつながりをつなぎ変えたりする点にこそ，「民間」の力を活用する意味があるように思います。

たとえば，未来形とされるデジタルメディアが実際に教室でどう機能しているのかをみると，うまく使いこなしている実践は，案外地味で，むしろ人間的な部分が浮かび上がってくるように思います。第２章でも指摘するように，個別最適化アプリは，システムが目新しいものの中身は昔ながらのマスタリー・ラーニング[24]（行動目標と形成的評価と回復・深化学習のシステム）だったりします。そして，それがうまく使われている教室では，タブレットに入った「AI 先生」が学びを救っているという側面よりも，一斉授業という形態（鵜《う》飼いのような教師と子どもとのタテ糸関係の束）のなかで埋没してきた個々人を切り出し，切り出された個々人がおのずとつながるところに，ゆるやかに学び合いと個性化・協働化された学びが生じる側面が本質的で，そうして生まれた子ども同士の支え合い，学び合いに補われることで，ゆるい教室の空気感や教育効果が生み出されうるのです。ゆえに，コロナ禍の下でそもそも密を避けた状況で個別最適化アプリに頼りすぎてしまうと，孤立化されたうえに機械的なドリル学習となるでしょう。

「学び」と結び付いているからこそ，「つながりとケア」は承認欲求に閉じず他者性や公共的関係性にも開かれうるし，「つながりとケア」と結び付いているからこそ，「学び」は人間的成長に迫る質をもちうる。こんな学校なら行きたくない，こんな授業なら外注したほうがいい，動画コンテンツや「AI 先生」のほうがましだと子どもたちから言われないよう，子どもの深層の複合的なニーズに寄り添い，学ぶ権利の保障を軸にしながら，学びとつながりとケアとのベストミックスを探っていく。そうした，学校という場で子どもたちと暮らしをともにするからこそ可能になる，学校と教師が担ってきた，あるいは担いうる仕事の意味を再確認する必要があるでしょう。

第５章で詳しく述べるように，日本の学校は，日本社会の特徴が濃縮された形で，同調圧力が強く，横並びで密すぎる息苦しさをもちがちで，それがコロナ前夜には課題として指摘されていました。なお，自粛要請によって世間による相互監視的な事態が発生したり，十分なリソースもあてがわれないまま，各人の努力により耐え忍んでなんとかしようとしたり，そうしたコロナ禍における日本の状況にも同調圧力や精神主義的な自力主義を見いだすことができます。コロナ禍において，ステイホームや社会的距離をとることが強いられることは，相手を大切に思うからこそ距離をとるという，しんどい状況を生み出しています。しかしそれは，日本社会と日本の学校の同調主義を問い直し，一人ひとりが生きやすい形で，つながりを結び直す好機でもあります。

少しくらい距離があるほうが，相手が見えないからコミュニケーションをとろうとする。そのなかでこれまで気づかなかった一人ひとりの意見や顔が逆によく見えてくる。一人でこもってじっくり目の前の状況や自分と向き合う時間は，個を育てる。子どもたちの生活を勉強や学校の時間で埋め尽くすのは得策ではありません。社会全体で「ひきこもり」状態を経験してみて，活動をセーブしてみて気づいた生きやすい生活スタイルもあるでしょう。そうして気づいた「いいあんばい」の距離感や仕事と家庭生活のバランスがあるならそれをキープし，そのエッセンスを平時化することが重要です。同調主義の下では，みんなでいてもどこか孤独だったりします。一人でいても他者やコミュニティとつながっている，そんなふうに，一人ひとりの個が尊重されながら，ゆるいけれど互いへの想いは強いつながりが構築されていくことが，コロナの先に新しい「日本の学校」を生み出すことにつながるのではないでしょうか。

第2章

「未来の学校」への改革をめぐる論争点

「小さな学校」と「大きな学校」の狭間《はざま》

第1章で述べたように，コロナ禍において学校が直面している問題の多くは，コロナ以前の日本の学校のそれが顕在化したものです。では，コロナ前夜，どのような議論がなされていたのでしょうか。2019年末から2020年の初頭にかけての大学入試改革をめぐる混乱において典型的に表れたように，日本の学校システムの根本的な改革を推進する論者と，もともとの制度を大きく改革する必要はないという論者との間で議論が起こっていました。

また，改革の必要性を唱える論者の間にも方向性の違いを見いだすことができます。たとえば，新学習指導要領が掲げる資質・能力ベースの改革は，全人教育志向，教科における対話的・協働的な学びの重視，教科外活動の再評価など，「共同体としての学校」という日本の学校と教育実践の特性をポジティブに生かす志向性を内包しています[25]。他方，近年，経済産業省（2019）が提起している「未来の教室」という改革ヴィジョンは，教師と学校への不信を背景に，いわゆる「民間」の企業や団体，あるいはAIなどの技術革新に教育をゆだねていこうという志向性をもちます。それは，「大きな学校」と「小さな学校」の相克とまとめることができます。

そこで，この第2章では，新学習指導要領の資質・能力ベースのカリキュラム改革，経済産業省（以下，経産省）の「未来の教室」の提案，文科省のGIGA（Global and Innovation Gateway for All）スクール構想といった，近年の教育改革の根っこにある構造的問題や論争点についてまとめ，「未来の学校」を真に構想するうえでの視点を提起したいと思います。

1　「改革のための改革」の危うさ

変化する社会に対応するには「新しい能力」[26]が必要で，日本の教育は抜本的に改革されねばならないとされ，改革が繰り返されています。そして，コンピテンシー，アクティブ・ラーニング，アダプティブ・ラーニング（学習者一人ひとりに個別最適化された学習）など，新しい言葉が出てくるたびに，教育界全体が流行に飛びつき翻弄されてきました。

そもそも「新しい能力」を求める語りや知識偏重批判は，歴史的に繰り返しなされてきたものです。それは，現状へのほどよい問い直しとして機能しているうちは，子どもの学びや実践をより豊かにする新たな挑戦も触発してきました。しかし，とくに2000年を越えたあたりで出てきた「新しい能力」論の特徴は，そうした現状を問い直すサイクルが加速し，「改革のための改革」に陥っている点にあります（中村，2018）。そして，そうした「改革のための改革」や危機を煽り続ける言説によって，際限なく前提が問い直されることで，もともとうまくいっていたものの土台まで掘り崩されてしまう状況が生み出されているように思われます。

とくに，近年の改革をめぐる語りの特質は，教育について必ずしも専門的知見をもたない人たちの教育論が，教育の専門家の見解を経由せずに，それ以上の声の大きさをもって，教育政策や教育実践に影響を与えている点にあります。確かに，教育界以外の「民間」の発想や市民目線から，学校現場や教育界で常識とされていること（学校の特殊ルールや語りの教育くささ）を見直してみることは必要でしょう。日本と異なる諸外国の文化や制度や先進的な取り組みから学ぶことも重要でしょう。しかし，近年の，教育畑に限らない「日本の教育」の改革者の語りは，日本の外部，そして教育的な発想の外部にユートピアを見いだし，他方で「日本の教育は崩壊している」という現状認識から出発しがちな点に危うさを感じます。そして，そうしたきらびやかで先導的な語りに，自分たちの頭で考え判断する余裕を失った教育現場は翻弄され，それに飛びつけば飛びつくほど，足元の現実のなかにある変革への可能性に目が向かなくなり，自分たちの自前の言葉や文化や理論を失っていっています。

さらに，よくよく改革者たちが「新しい教育」として提唱しているものを見ると，これまでの教育実践と教育研究の蓄積に学んできた者からすると，見た目に目新しくても中身は陳腐に映ることがしばしばあります。新しい改革として日本に導入されようとしている（されてきた）手法や発想の多くは，歴史的に，あるいは諸外国の取り組みとして繰り返し登場してきたものであり，実は「旧《ふる》い」ものだったりします。そして，その有効性や課題は実践的に歴史的に検証されてきた部分もあり，そうした蓄積をふまえることで，今それが必要かどうか，導入するなら何に気をつけなければいけないかが見えてきます[27]。

2　社会変動がもたらす学校のゆらぎの核心

「改革のための改革」は危うさをもっているし，「産業構造の変化に対応して『新しい能力』を学校で育てることが経済政策的にも効果的だ」という語りの学術的根拠や教育的な望ましさも論争的です。しかし，コロナ以前から，現代の日本社会が，これまでとは質の違う社会変動にさらされており，子どもたちの生活環境や学校の置かれている状況などが大きな転換点を迎えていることは事実です。むしろ根っこにあるのは，学校と社会との間の境界線の引き直し，つまり学校の機能と役割の問い直しの要請です。

たとえば，資質・能力ベースや「社会に開かれた教育課程」の必要性をうたう新学習指導要領は，社会が求める「実力」につながるよう，学校で育成すべき「学力」の中身を問い直そうとするものです。自分なりの軸をもって物事を捉え判断できるような，自立した市民の育成につながるような各教科の教育になっているのかどうか，教科外活動も含めて「一人前」を育てる教育になっているのかどうか。とくに中等教育段階においては，受験準備教育への依存ゆえに空洞化してきた，普通教育としてのヴィジョン（めざす学校像・生徒像・一人前像）が問われているのです。

社会の複雑化や流動化により，社会からの人間に対する能力（有能性）要求は高まり続けているにもかかわらず，家庭や地域共同体や働く場などが保持してきた人間形成機能が縮小していくなかで，社会からのむき出しの能力要求が学校に寄せられるようになり，教育という営みへの期待，および生産性や効率性への圧力は高まり続けています。一方で，教育という営みの特殊性，および，その主な担い手である学校や教師の特権性はゆらいでいます。

こうした状況は，学校という場を，保護者や地域住民や専門家や企業やNPO団体などのさまざまな人たちの参加に開かれた公共空間として構想していく可能性（市民社会との協働による「大きな学校」）があります[28]。他方で，「民間」の手法や考え方を取り入れて合理化・スマート化したり，学校以外の教育産業の提供する民間サービスにゆだねてスリム化したりしながら，学校や教育に民間活力を生かすというレベルを超えて，学校や教育を産業の一部として商品化・市場化していくこと（市場に開放された「小さな学校」）も危惧されます。保守的で柔軟性を欠き，形骸化・儀式化しがちな今の学校が問題だとしても，経済効率や市場的価値の追求といった大人の都合が優先され，市場の自由さやスピーディーさに翻弄される形で，子どもの学びや成長や幸福の追求が阻害されることも心配です。

いま問うべきは，「新しい能力」の要求以上に，これまで学校のみならず家庭や地域などでおのずと育っていた当たり前のラインが崩れつつあるという点であり，社会の側の人間形成機能の低下の問題にこそメスを入れる必要があります。そして，企業が求める人材としてのみならず，市民として，一人の人間としてよりよく生きること（well-being）に向けて，人間らしい豊かな生活と人間的成長を保障するよう，子どもたちの生活・学習環境を再設計することが重要です[29]。

ところが，合理化や効率化は社会全体を覆っている現象であって，そのなかで人が成長する場や間や余白が失われています。たとえば，変化の激しい社会に不安を感じる保護者たちは，安定を求めて，受験競争に有利な早期教育やパッケージ化された教育を求めがちです。しかしそれは，同じようなバックグラウンドの子どもや家庭同士のつながりを強めるばかりで，異質な他者と交わる経験の弱さを招いており，そして，子どもたちは学問・文化を受験という競技の道具として，いわば筋トレの道具として学びがちで，大学に入った頃には学問・文化それ自体を深く味わえなくなってしまい，世の中への無関心を加速させているように思われます。学校の外側の学びの場が学校以上に「学校化」して，スキルは訓練しても人間的な成長を促せなくなっているのです。安易な「脱学校（deschooling）」[30]論は，保護者がよほど気をつけていなければ，いまや学校以上にむき出しの能力主義や競争主義に子どもをさらしかねません。

3 「小さな学校」論としての「未来の教室」の光と影

新学習指導要領の資質・能力ベースの改革にも，「小さな学校」と「大きな学校」という，2つの矛盾・対立するベクトルを見いだすことができます。資質・能力ベースの改革は，先述のように，「共同体としての学校」という日本の学校と教育実践の特性をポジティブに生かす方向性も内包しています。他方でそれは，企業社会の求める人材訓練の場として教育を効率化する志向性も内包しています。たとえば，アクティブ・ラーニングなど，ビジネス書風の軽いタッチのキーワードが実践に入り込むことで，「練り上げ」「ゆさぶり」「学級づくり」など，日本の教師たちが自分たちの実践をもとに，肌感覚にフィットした言葉として積み上げてきた現場発の言葉や知恵がやせ細り，それとともに，日本の教育実践の分厚い蓄積が忘却され，取り組みやすい授業パッケージや学習プログラムに置き換えられてしまうことが危惧されます。

そして，新学習指導要領がまだ実施されるに至っていない段階から，すでに次の学習指導要領改訂に向けた議論が始まっており，「大きな学校」と「小さな学校」をめぐる争点が顕在化しつつあります。たとえば，本書でも何度か指摘してきたように，最近，経済界由来の教育言説でしばしば用いられる「個別最適化」という発想は両義的です。それは，集団主義的な日本の学校の画一性・硬直性・抑圧性や生きづらさを問い直し，子どもたちの多様性や個性に応じたゆるやかでより自由な学びの場へとそれを創り変えていく可能性に開かれています。その一方で，ICT の発展に夢を託しつつ，いつでも，どこでも，だれとでも，自分のペースで好きなだけ学べるという，個々のニーズを絶対化する方向で展開するなら，それは学年学級制，さらには学級や学校の共同体的側面を解体し，「未来の教室」という名の，タブレットの中の「AI 先生」による学習の個別化・孤立化と機械化につながりかねません。ここでは，経産省の「未来の教室」を手掛かりに，「小さな学校」論の教育構想の光と影について述べてみましょう。

(1) 知識と思考の段階論的分担論をめぐって

経産省の「未来の教室」構想では，「学びの STEAM 化」[31] の名の下に，文理を問わず教科知識や専門知識を習得すること（=「知る」）と，探究・プロジェクト型学習（以下 PBL：Project-based learning）のなかで知識に横串を刺し，創造的・論理的に思考し，未知の課題やその解決策を見いだすこと（=「創る」）とが循環する学びの必要性が提起されています（図 2-1）。

図2-1 「未来の教室」がめざす姿

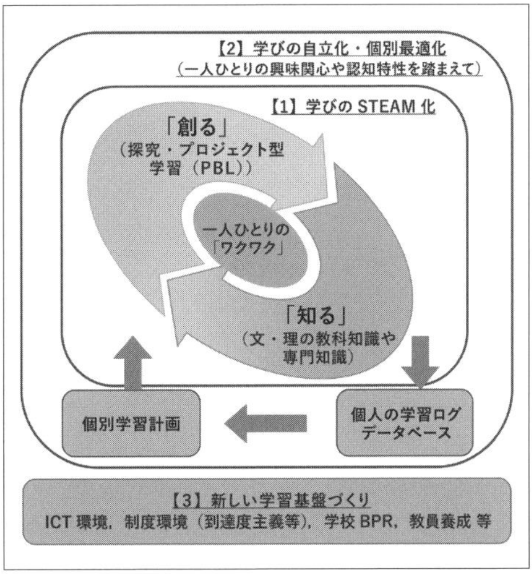

出典：未来の教室ウェブサイト（https://www.learning-innovation.go.jp/about/ 2020年8月20日確認）

もともと現場では，アクティブ・ラーニングをするにも，基礎的な知識・技能が必要だから，まずそれを講義形式で手際よく教えて，グループワークなどのアクティブ・ラーニングで思考力・判断力・表現力等を育てればよいといった，いわば「習得」してから「活用」に向かう段階論が根強く見られますし，反転授業を活用すればそれは効果的に実現可能だという声も聞かれます。

さらに,「未来の教室」では,そもそも教科の学びは知識・技能の習得以上のものではなく,個別最適化の学習アプリ(「AI 先生」)に基本的に任せてしまえばいい,考える力や創造性や社会性は,PBL の学習プログラムとデジタルコンテンツで学ぶといったように分担してしまえばいい,PBL に参加する子どもたちに必要な,他者と協働するためのコミュニケーションスキルや,システム思考やデザイン思考に関わる思考法を個別に特定し,直接的にプログラムで育成していけばいい,といった具合に,知識とそれを処理するスキルとを切り分ける発想がみてとれます。

しかし,そもそも,1990 年代から 2000 年代にかけて,「新しい学力観」「総合的な学習の時間」「活用する力」「資質・能力」と,考える力や主体性を重視する方向で,教育改革は続けられてきました。今どきの教科書も内容の解説書的なものというより,考えるための問いがあったり,子どもたちのやりとりを例示する吹き出しがあったりと活動重視です。そうであるにもかかわらず,なぜ日本の子どもたちは学習意欲が低く,自由記述の白紙答案も多いのでしょうか。こうした課題が学力調査でも指摘され続け,人々の実感としても指示待ち傾向や物事を深く考えることの弱さが叫ばれ続けているのはなぜでしょうか。

ここには,学校教育だけではない学校外の人を育てる場と機能の低下も大きく関係していると思われますが,先述のような「改革」圧力のなかで,「新たな挑戦」とされるものが,一見効率的に見えて,実は効果的ではない方向で展開される傾向が強まっていることも一因だと考えられます。

「未来の教室」構想にも顕著にみられる,段階論的な分担論は,実践的にも認知についての科学的研究の面でも問い直されてきたものです。こうした段階論は,機械的に詰め込まれうるものとして知識を情報化し,個別に取り出して直接的に訓練可能なものとして思考をスキル化するものといえます。

知識を習得することは,コンピュータのように,断片化された情報をただ入力しておけばよいというものではありません。学習者自身が，自らの生活経験や背景知識と新しく学ぶ内容とを関連付け，意味を構成し，「なるほど，わかった！」と情動をも伴いながら納得（理解）してこそ，忘れない（記憶の保持：retention）し，応用もきく（転移：transfer）のです。

さらに，人が力を発揮できるかどうかは，文脈（context）に大きく規定されており，文脈が違うと，もともともっている力を発揮できないし，学んだことも生かせません。学校での学習の文脈はあまりに生活の文脈とかけ離れすぎていて，学校の外では生きて働かない学校知学力を形成することになってしまっており，知識・技能やスキルを学ぶにしても，それらを生かす必然性や学びの有意味性を重視する必要があるのです（稲垣・波多野，1989，米国学術研究推進会議，2002）。

習得的な学びといっても，機械的な習得と理解を伴う習得とは異なります。計算技能のような要素的で比較的単純な技能（解ける・できる）ならドリル学習で学べますが，それは，数の量感覚や概念の意味理解（わかる）を保障するものではありません。第1章でも述べたように，むしろ計算が苦手な子の背後には，操作のイメージや量感や位取りの原理などに関わる意味理解のつまずきが隠れていることが多いのです。その点への配慮もなく，基礎はドリル学習だから「AI 先生」でもいいとしてしまえば，本当に学習に困難を抱える子を切り捨ててしまうことになりかねません。逆に，たとえば小学生でも学び進めて方程式の問題が解けるような子も，その意味を理解せずパターンで操作しているのでは，後々の伸び悩みにつながるでしょう。

また，基礎を固めてから応用という道筋だけでなく，知識・技能を使うことも含んだ有意味な活動に取り組むなかで，知識のわかり直しや学び直しや定着が促されたりするという点にも目を向ける必要があります。日本の教師たちの実践のなかには，「包」という漢字の字源を推理し，その成り立ちに見られる人間の感性や想いにもふれるような，基礎こそ豊かに学んでいく実践（今泉，2002），「サラ金をバイバイ変化メガネをかけて読む」など，倍々に増えていく変化を指数関数という眼鏡を使って可視化し，生活のリスクを読み解く実践を通して，数学が苦手な生徒たちが数学と出会い直し，有意味性をもってそれを学び直し，数学によって傷つけられた自尊心を回復していくような実践（仲本，2005）も見つけることができます。

さらに，汎用的スキルは，文脈のないところでそれ自体を直接的に指導しても効果は望めません。自転車にうまく乗れている人の特徴を取り出してそれを教え込んだからといって，自転車に乗れるようにならないのと同じです。米国でも思考スキルは，内容に応じて選ばれるものであってその逆ではないといわれています（樋口，2013，石井，2020b）。また，たとえば批判的思考（critical thinking）とは，ある規準（criteria）に基づく判断を意味し，判断の軸を形成する知識こそが本質であると主張されたり，揚げ足とりではない社会への姿勢や思想としての批判性も含めて，批判的思考の概念をより包括的に捉える必要性が主張されたりしています。

思考する力を育てるには，深く思考することを繰り返すしかなく，そのためには，思考するに値する対象と思考する必然性を生み出すことが重要です。しかし，合理化やスマート化が進む今日，こうした回りくどさや手間を許容できず，結果を待てない傾向が強まっているように思います。「概念マップでノートに思考を可視化しよう」「発想力を鍛えるために，常に『なぜ？』と問おう」などといった，お手軽で一見それらしく見える一種の勉強法的なものが，言葉や装いだけ変えて次々と提案されては消費されていく，こんなことが繰り返されているのです。

考える力や主体性など，人間の根っこに関わる部分こそ手間暇が必要なのですが，それが合理的な介入対象とされ，一見便利にパッケージ化されることで，合理化・システム化されていない余白がなくなり，子どもたちは自分で学んだり考えたりするチャンスを失っています。その結果，皮肉なことに，生きて働かない思考力になってしまったり，正解やレールのないところで思考する経験の不足により，「与えられたことはやる」という規格化された主体性につながったりしていると考えられます。

(2)「ペダゴジー・ファースト，テクノロジー・セカンド」を実現するために

「未来の教室」の提言は，企業とも連携しながら，新しいテクノロジーや手法（EdTech）[32]を大胆に導入すべきだという語りにあふれており，教材ではなく文具として１人１台パソコンを整備する文科省のGIGAスクール構想も，コロナ禍において急ピッチで進められています。

確かに，メディア革命を伴うデジタル社会への対応は重要ですし，社会のなかで学校が未来につながる輝きと魅力ある場になっていくことも必要でしょう。何より，コロナ禍のなかで，日本の社会や学校のデジタル化の遅れがあらわになったことで，デジタルメディアの普及は加速度的に進むでしょうし，オンライン授業やテレワーク等，AIやICTがもたらす生活の広がりや恩恵や可能性が，その限界も含めて見えてきているように思います。

１人１台タブレットなど，学校のICT環境が整備されるなか，それが技術先行で，教育の質が二の次にならないために，「ペダゴジー・ファースト，テクノロジー・セカンド（pedagogy first, technology second）」という姿勢が重要です（白水, 2020）。ここで，教育や学習のなかに効果的に新しいテクノロジーを溶け込ませていくために，テクノロジーをうまく使いこなしていくうえで考えておくべきポイントをまとめておきましょう[33]。

まず，新しいテクノロジーの選択と活用を考える際，それがこれまでの授業のどのような機能を代替するものなのか考えてみるとよいでしょう。たとえば，教室での授業において，電子黒板は黒板の，タブレットはグループの真ん中において対話と思考の広場となるワークシートやホワイトボード，あるいは，自習用のドリル等の機能を代替していることがわかります。次ページの表2-1のように，学力・学習の質的レベルを念頭に置いて考えてみると，より学習者主体の授業を創るうえでは，タブレット等の個人端末を，個別化

表2-1　学力・学習の質的レベルに対応した課題例，および適合的な教具とメディアの使用法

	教具とメディアの使用法	国　語	社　会	数　学	理　科	英　語
「知っている・できる」レベル	問題集とドリルプリント AIによる個別最適化学習のためのタブレット	●漢字を読み書きする。 ●文章中の指示語の指す内容を答える。	●歴史上の人名や出来事を答える。 ●地形図を読み取る。	●図形の名称を答える。 ●計算問題を解く。	●酸素，二酸化炭素などの化学記号を答える。 ●計器の目盛りを読む。	●単語を読み書きする。 ●文法事項を覚える。 ●定型的なやりとりができる。
「わかる」レベル	教科書，黒板とノート，ホワイトボードとワークシート 電子化された教材パッケージ，電子黒板，ノートやホワイトボードやワークシートとしてのタブレット	●論説文の段落同士の関係や主題を読み取る。 ●物語文の登場人物の心情をテクストの記述から想像する。	●扇状地に果樹園が多い理由を説明する。 ●もし立法，行政，司法の三権が分立していなければ，どのような問題が起こるか予想する。	●平行四辺形，台形，ひし形などの相互関係を図示する。 ●三平方の定理の適用題を解き，その解き方を説明する。	●燃えているろうそくを集気瓶の中に入れると炎がどうなるか予想し，そこで起こっている変化を絵で説明する。	●教科書の本文で書かれている内容を把握し訳す。 ●設定された場面で，定型的な表現などを使って簡単な会話をする。
「使える」レベル	史・資料，ホンモノの物や人や文献 情報収集・分析・表現やコミュニケーションのツールとしてのタブレット	●特定の問題についての意見の異なる文章を読み比べ，それらをふまえながら自分の考えを論説文にまとめる。そして，それをグループで相互に検討し合う。	●歴史上の出来事について，その経緯とさまざまな立場の声を紹介し，その意味を論評する歴史新聞を作成する。 ●ハンバーガー店の店長になったつもりで，駅前のどこに出店すべきかを考えて，企画書にまとめる。	●ある年の年末ジャンボ宝くじの当せん金と，1千万本当たりの当せん本数をもとに，この宝くじの当せん金の期待値を求める。 ●教科書の問題の条件をいろいろと変えて発展的に問題をつくり，追究の過程と結果を数学新聞にまとめる。	●クラスでバーベキューをするのに一斗缶をコンロにして火を起こそうとしているが，うまく燃え続けない。その理由を考えて，燃え続けるためにどうすればよいかを提案する。	●まとまった英文を読んでポイントをつかみ，それに関する意見を英語で書いたり，クラスメートとディスカッションしたりする。 ●外国映画の一幕をグループで分担して演じ，発表会を行う。

※同じ機能が果たせるのであれば，より原初的な教具に戻して考えてみる。テクノロジーを生かしたイノベーションというとき，効率性志向の既存の作業や生活のスマート化のみならず，教科の専門性と結び付けて学びの質を高めたり，社会的活動と結び付けてフラット化や民主化につなげたりする視点も重要だろう。

（筆者作成）

された演習用ドリルよりも，対話と協働を促すホワイトボード等の代替物として生かしていくとよいことが見えてきます。演習用のドリル代わりに使うのであれば，「知っている・できる」レベルの学力にとどまりますが，ホンモノの他者や資料や場とつながり，対話，分析のツールとして用いるのであれば，真正の学びと「使える」レベルの学力の形成に寄与しうるでしょう。その際，システムがダウンして右往左往するようなこともないように，同じ機能が果たせるのであれば，より原初的な教具を使えばよいということを基本としながら，タブレットなどの新しいメディアだからこそできることに注目し，それらを有効に活用していくことが肝要です。

このように機能に注目して考えてみると，ICT 活用による教育のデジタル化といってもその内実はさまざまであることがわかります。デジタル化は，サイバー空間（仮想空間）を拡大させ，生活や仕事をスマート化し，情報やコミュニケーションのボーダーレス化，世界のフラット化をもたらしています。ICT 活用という場合，ペーパーレス化，テレワーク化といったように，業務のスマート化がまずは思い浮かぶでしょう（効率化）。また，フラット化を生かして，新たな出会いやつながりを創造したり，デジタル化が生み出す膨大な情報やデータを解析したりするツールとして用いるのであれば，これまでとは質の異なる豊かな学びを実現させる可能性があります（質の追求）。さらに，多様なハンディキャップに対応しそれを補ったり，長期入院中の子どもたちや遠隔地の学校などにオンライン授業を提供したりと，今まで手の届かなかった子どもたちに手を差し伸べることもできますし，非常時の備えとしてのインフラ的性格もあります（機会の拡大）。

ICT が未来の理想像や万能薬のように捉えられる論調もありますが，何ができて何ができないのか，その恩恵とリスクをふまえた活用が肝要です。書類仕事や会議のスマート化（効率化）は働き方改革に寄与しうるし，コロナ禍のなかで，オンライン環境の生活面や学習面でのセーフティーネット的な意味も見えてきています（機会の拡大）。その一方で，教師の本業部分の学びの質の追求という点での ICT 活用については，テクノロジー先行の観もあります。

AI や ICT の教育への活用という場合，学習方法の合理化・効率化に矮小化されがちです。先述のように，それは，知識習得を，自習ベースの自由進度型ドリル学習に矮小化し，また，探究的な学びを，ロールプレイングゲーム的なシミュレーションにパッケージ化しがちです。食事の宅配のように，学校の果たしてきた機能を切り分けてパッケージ化して，学校に限らずさまざまな主体が，それぞれの家庭に「小さな学校」を届けるという発想をもつことは，学校の機能を見直す一つの切り口かもしれませんし，見た目もスマートで目新しく感じるかもしれません。しかし，機能性を高めていくということは，目的を明確にして，それに特化する形で，内容や経験や活動を合理化することになるので，知らないうちにパッケージ化しやすいものに中身が矮小化されてしまったり，機能性と引き換えに大事な部分がそぎ落とされたりする可能性を考慮しておかねばなりません。

また，ウェブ授業や個別最適化された学習アプリといった最新テクノロジーで表面的に新しく見せて，中身において，旧式の学習観に基づく教育（大人数の一斉授業，あるいは，行動主義的で個人主義的で機械的なドリル学習）を展開することに陥っていないか注意が必要です。たとえば，一人ひとりを生かす履修システムを志向する近年の動向のなかで，また，ビッグデータを活用したAIの進歩を生かすものとして，「個別最適化」という技術への注目が高まるのも理解できます。しかしそれは，学びの質の追求というよりも，一人ひとりをきめ細やかに支援し，つまずいている子どもに手厚く指導する教師の仕事をサポートする文脈においてこそ生きるものです。AIの活用を，知識学習のドリル化と引き換えに学校教育の時間短縮・効率化の道具としたり，リソースの有無による格差の拡大につながったりすることのないよう注意が必要です。

(3) 新しいテクノロジーを学びの質の追求につなげるために

このように，新しいテクノロジーを使っても，既存の内容や活動をいかに便利に効率的に遂行するかという方向で革新性を追求しがちで，活動の中身をよりダイナミックで豊かにするような方向性が十分に追求されているとは言えません。その結果，一見きらびやかなテクノロジーの活用の裏で，最新のテクノロジーの応用のしやすさが優先され，教育の中身自体は機械化・貧困化していく事態が危惧されます。さらには，スマホに子守をさせるように，個人端末のアプリのゲーム性に依存するようになると，中毒性が主体性と誤認されてしまう事態も危惧されます。

仕事や作業の効率を上げるための便利さやスマートさを追求することだけでなく，教育的価値を高めるうえでは，ホンモノの世界や研究や活動のように，より複合的で，割り切れなさやノイズを含んだ学習や活動にアクセスする機会を拡大する方向性でテクノロジーの実装がなされる必要があります。たとえば，関数電卓を日常的に使いこなすようにするだけでも，扱える数値や計算の複雑性の幅は広がり，コロナの感染者数のシミュレーションなど，数学的に定式化されていないノイズを含んだ現実世界の問題をもっと扱えるようになるでしょう。問題演習の効率化ではなく，むしろ問題や活動の複雑化・リアル化を大事にするわけです。教科の専門性とテクノロジーとを結び付けた教材開発が期待されます。

また，パッケージ化されたプロジェクトをプレーするのではなく，ICTを通して，たとえば，大人たちのコロナへの対応やそれをめぐる議論にアクセスし，さらには子どもの目線から自分たちの現状や意見を発信したりするなど，フラットに実際の社会の諸活動や議論，実際の人々（実践共同体）とつながっていくことで，現実を変えていく最前線の活動に参加することも可能になるでしょう。科学的リサーチやプログラムのデザインといった，学びのSTEAM化で強調されがちな，産業界のニーズに合うパッケージ化しやすい活動のみならず，それ以上に，自分たちの地域などで行われている市民的，社会的な活動とつながり，生身の人間やリアルな社会との関わりがもたらす煩わしさや割り切れなさをも経験することを通して，地に足の着いた認識や切実な関心や視座の高さが育っていくのです。

現実世界の真正の活動の多くには，最新のテクノロジーやメディアの活用も自然な形で組み込まれているものです。電子黒板，タブレットといった機械が教師の指導や子どもの学習をどうスマートに便利にできるのかということ以上に，デジタルメディアが世界や社会や仕事や生活のありようや人々の発想にもたらしている革命的な変化のリアル（可能性とリスクの両面）をどう子どもたちに経験させるか，まさに学校の学習の真正性の追求という観点から考えることで，テクノロジーの活用は，効率性，個別性，私事性と結び付いた教育の機械化ではなく，学校の学習の文化性，共同性，公共性の再構築につなげることもできるでしょう。消費社会的でプライベートなデジタル環境ではなく，職業人や専門家がアクセスしているような，子どもたちの日常生活ではふれる機会の少ない，知的で文化的でパブリックなデジタル環境をこそ学校において保障し，デジタルメディアとのより成熟した付き合い方を学ぶことが大切です。

(4) 第3次AIブームの特性からテクノロジー活用の方向性を見極める

さらに，図2-2に示したように，コンピュータが教える，あるいは，コンピュータが学習を方向づける「AI先生」よりも，子どもたちがコンピュータで学び合う，あるいは，子どもとコンピュータが学び合うような，より人

図2-2　授業と学びにおけるコンピュータの生かし方の類型

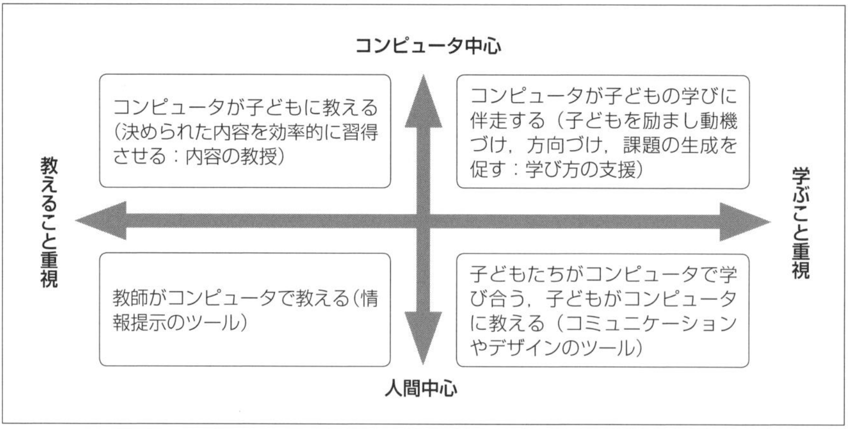

出典：石井（2020a）p. 223

資料2-1 人工知能の歴史（第3次AIブームの特質）

●**第1次ブーム**（1950～1960）：「人工知能」という言葉が生まれる
積木の世界，三目ならべ
●**第2次ブーム**（1970～1980）：理屈っぽい人工知能
エキスパートシステム：専門家の知識を「if then else」ロジックで表現し，三段論法でこれをつなぐ
●**AI冬の時代**（1990～2005）
●**第3次ブーム**（2005～現在）：データから学ぶ人工知能
統計的機械学習がけん引
データマイニング，ディープラーニング（深層学習）

出典：野里（2020）より抜粋

間的で主体的なデジタルメディアとの付き合い方が重要です。資料2-1に示したように，現在展開しているのは「第3次AIブーム」であって，それが生み出している新しいテクノロジーの活用を考える際には，その道具の特性をつかんでおくことが必要です。

近年，人間を超えうるAIの出現が現実味をもって語られるのは，機械学習技術の進歩，とくにディープラーニング[34]（深層学習）のブレークスルーと，それを支えるコンピュータの計算機能の向上に，インターネット等を通じて共有されつつあった大規模データが結び付き，画像処理や自然言語処理を中心に大きなインパクトを与えているからです。それは，従来のように，記号処理的AI中心で，専門家の知識やルールを数式などで表現（プログラム化）し，決まったアルゴリズムに従って毎回同じ手順で実行するのではなく，パターン処理的AI中心で，手順を微調整しながら大量のデータに潜む統計的パターンを見つけて予測するものです。さらには，分類の視点（特徴量）をも自動抽出する，コンピュータが自ら知識（のようなもの）を学習するものです。それは人間の脳では到底こなすことのできない無数の試行錯誤の末に，おおよそこういう場合はこう行動したり，こう識別したりしがちであるというパターンを見いだす，いわば究極の経験学習であり，たとえば，画像認識や音声認識という点で，病気の診断や建造物の異常の検出などにおいて，専門家のみが気づくような微妙な差の直観的な識別（暗黙知）を再現できたりします。ただし，パターンの再現はできても，なぜそうなのかの意味やメカニズムは必

ずしもわからず，その点で，人間の解釈や推論や判断が必要になります。

ビッグ・データと高い計算機能がもたらす，個々のニーズとサービスのマッチングの最適化，そして，究極の経験学習による暗黙知の再現というパターン処理的診断能力，これらが近年のAIの強みです。一方で，データの書式が整っているものは取り込めますが，データの書式がばらばらなのは苦手（画像等ならそのまま取り込んでパターンの識別に使用可能）です。データ活用においては，データの書式をそろえるのに苦労するもので，データの書式の整え方（事実の切り取り方）において，どうしても人間の恣意は入ります。また，データとしての活用しやすさ自体が重視されると，データを集めやすいように，いろいろなものを標準化しようとする志向性を呼び込みがちですし，とくに，教育のように識別基準がはっきりしない事柄については，見かけ上整ったものに飛びつきがちです。たとえば，教育の成功を，学力テストの成績で見ようとするように。

こうしたAIの強みと弱みをふまえると，それの「教えること」への活用は限定的であることがわかります。かつて「教育技術の法則化運動」[35]で経験したように，効果測定研究によるエビデンス（この場合はこの方法が効果的でうまくいくという実証的知見）は，「道具箱」は作っても，個別具体的な状況を判断し，道具（手法）を臨機応変に使いこなす主体を育てる視点が弱く，実践の標準化や硬直化を招きがちです。医療のように，病気かそうでないか，正常か異常かを識別するのとは異なり，教育はその目的は多義的ですし，子どもの状態も正常／異常，有能／無能といった二分法では捉えきれない個別具体性をもちます。ゆえに，道具箱を作るよりもそれを使いこなす主体の判断力や対応力（教育的タクト）を育てることのほうが重要ですし，マッチングアプリ的に，この場合はこれが効果的という手法を提示するなど，無理にデータ活用で何とかしようとすると，標準化を強めることになりかねません。

また，学習アプリの「AI先生」は，正確に言えば教えてはいません。それは，個別の問題が解ける／解けないという点について，解答パターンに応じたマッチングと課題提示による学習支援を行うものです。相手にわかるように伝えたり，教えたりするためには，提示する内容の組み立てもさることながら，相手に応じて内容やその提示の仕方を細やかに調整する必要があります。人間に固有な「教える」という行為の核心は[36]，できた，わかったという学びの責任を学習者任せにしない応答性と双方向性であって，とにかく一斉に注入的に教え込むことも，逆に，学習者に適した課題をただ提示することも，そうした意味での応答性や双方向性は希薄です。第1章でも示したように，その子に寄り添いながら，その子に届く言葉や働きかけを状況に応じて行うこと，そうした応答性と双方向性なくして，本当にしんどい子のつまずきの根っこは救えません。

AIの恩恵を最大限に生かすのは，形式が整ったデータを収集しやすく，かつ自動的にデータが蓄積されていくという，ビッグ・データを生かしつつそれを生み出すシステムです。人間の分析・診断行為を代替するものや，閲覧者の好みに合わせて情報を提示してくる，オンラインショッピングやネット広告のように，関連するもの同士の効率的なマッチングにおいてAIは強みがあります。よって，学びの個別最適化に注目が集まるのは自然なことで，それは教える営みを代替するものではないにしても，診断と情報提示という学習支援ツールとしての可能性はあります。また，自動採点や学習ログや学習過程分析など，学びの可視化や学力の評価に関する研究と実践において，AIは力を発揮するでしょう。一方で，際限なきデータ化がもたらす，リモート管理による主体的標準化と監視社会のリスク，そして，学びや生活の過程の生体情報までがデータ化され，うそ発見器にかけられ続けているような状況が，コミュニケーションや人間関係に与える影響も考えておかねばなりません。

さらに，マッチングが生み出す新しい人や世界との出会い，バーチャルリアリティによる経験世界の拡張や時空の超越，AIを搭載したロボットとの対戦や対話など，最新のAI技術のコミュニケーション面での価値も追求されてよいでしょう。コストカットや社会効率を優先するあまり，AIに代替可能な形で，人間という存在や仕事や教育のあり方自体をモノ化・操作化・貧相化する方向性ではなく，AIを鏡として人間らしさを問い直し，人間性の新しい価値の発見に向かうような，人間とAIの「共進化」の可能性を追求することも必要です。

4　学校の「当たり前」の問い直しの先に

元来学校は，地域において未来を先取りする場であったのであって，「未来の教室」に代表される近年の改革者たちは，再び学校を未来を先取りする場にすべく，慣例や固定観念にとらわれず，「当たり前」に風穴を開けることを主張します。先述のように，それは「改革のための改革」に陥る危険性をはらんでいます。しかし，システムの合理化とそうしてできあがったものの前例踏襲を長年繰り返してきた結果，いつしか目的がわからないまま慣例化し，学校の不自然な特殊ルールを積み上げ続けてきた状況に対して，また，次々と対処療法的に新しい内容を取り込み続け，それが形骸化してしまってきた状況に対して，その棚卸しをすること，そもそもの目的に照らしてさまざまな取り組みをゼロベースで見直すこと自体は試みられてよいでしょう[37]。

ただし，改革においては，新しいことをやるというよりも，理念や原理・原則に立ち戻って棚卸しすることが重要です。前例踏襲は，学校の閉鎖性や同調圧力や非合理性とパラレルであり，そこにメスを入れることは，学校の集団主義的な同調圧力を下げ，社会とずれが大きいとされる学校の人権感覚と経済感覚を回復することにもつながるでしょう。

そうしてゼロベースで見直していく際，本当に子どものために，すべての子どものためになることなのかを立ち止まって考えてみることが必要です。たとえば，宿題をやめること，自由進度学習を導入することは，学校よりも学校外の勉強や習い事を優先する子どもや親の消費者的ニーズに流されてはいないでしょうか。学校外で教育サービスを受ける機会をもたない子どもたちの学習権を十分に保障できなくなったり，格差を拡大することにつながったりはしないでしょうか。

週休2日や「ゆとり教育」といった1990年代の学力軽視の「小さな学校」路線は，習い事や塾や教育産業の拡大につながりました。そして，学校における「ゆとり教育」の掛け声とは裏腹に，むしろ学校外を含めた子どもたちの学びと生活の環境全体を見れば，余白やゆとりは失われていきました。正確に言えば，階層間格差を反映しながら，学力低位層の学習時間は少なくなる一方で，上位層は競争の早期化を伴ってゆとりのない生活となったのです（苅谷，2002）。

また，学校外で肥大化した，競争主義的で受験準備に特化した学力観や授業観，教育をサービスとして捉える消費者主義的なまなざしが学校に流れ込んできて，子どもたちの学びの環境を貧しくしています。そしていまや，学力面や学習指導は塾で，学校には集団生活のなかでの社会性や主体性の育成を期待するといった状況も見られます。さらにコロナ禍のなかでは，学校は福祉的な保護機能さえ満たせばよいという声もありますし，夏休みも短縮して授業を進める学校のありようが問題視される一方で，塾の夏期講習や習い事による過密スケジュールなどにはあまり光が当てられません。

「働き方改革」も手伝って，こうした要望に合わせて，学校への期待やめざす学力の質をスリム化することで，表面的な満足度は上がるかもしれませんが，それは教育という営み，そして，学びや成長のイメージの機械化や貧困化に陥りかねません。主体性とは，一度身につけたらずっと使えるような学習スキルなのでしょうか，知識はすぐに陳腐化する情報なのでしょうか。学ぶことで物事を見る枠組みが形づくられ，視野が広がり，一皮むけていく。知を学ぶとは本来そのような広がりのあるものであり，ゼロベースで考える際の起点とすべきは，スキル訓練や人材育成に解消されない，人間的成長や人間教育であり，それをすべての子どもに保障することをめざす公共性の観点でしょう。

子どもたちは真空を生きているのではなく，とくに都市部においては，いまや人工的に規格化・合理化されたものに囲まれており，子どもたちを自由にしたつもりが，家庭の文化的な保護膜がなければ，子どもたちは容易に市場にからめとられてしまいます。他方で，大人たちは子どもたちの余白を知らず知らずのうちに大人の考える意味ある「自由」で合理的に埋めようとしがちで，「自由な学び」すらも目的的にパッケージ化してしまってはいないでしょうか。

ことさらに自由や主体性を強調することよりも，加速化する社会を中断し，人間の自然な時間，および，学びにおける間や余白や回り道を大事にするところから始めるべきではないでしょうか。コロナで速く移動することが少なくなった分，自宅の周りを散歩してみて，これまで移動中に見えていなかったものが見えるようになったように，立ち止まるべきところで立ち止まって考えること，自分たちの埋め込まれているつながりや社会化作用や固定観念を認識し自覚化すること，そうして，それらを自らの人間的な幸せのためにしたたかに編み直していくこと，そうした経験が，自分なりの軸（社会の荒波のなかで自分らしさや人間的幸福を守る鎧《よろい》）を形成し，社会にとって都合のよい自由に解消されない自由な生き方の追求にもつながっていくように思います。

確かに，現状では学校に求めすぎていることも多いし，厳しい労働条件で人材の確保もままならない既存の学校よりも，AIの力も借りたスマートで自由な学習のほうがまだましということかもしれません。しかし，学校の当たり前を問い直すことで，教育の当たり前が問い直されてしまってよいのでしょうか。通信制高校等が提供するような，ネットでつながりたまにオフ会的に直接会うような軽くて自由な学びは，学んだ感やつながり感や満足感は与えてくれるでしょう。しかし，一過性でないつながりをもち，ある程度の期間，場を共有するなかで，さまざまな意見の違いを調整し，責任を引き受けふんばり，何か意味ある活動をやり遂げるような，ある程度の重さを伴った関係性や経験を通してこそ，人間の根っことなる知と力は育っていきます。「働き方改革」は重要ですが，人間を育てる専門職としての教師の仕事の強みや矜《きょう》持《じ》まで手放さないよう，学校や自分たちは目の前の子どもたちのために何をなすべきか，何を捨ててはいけないかを議論していくことが必要でしょう。

第3章

資質・能力ベースの改革の行方

「大きな学校」論を人間教育につなぐ

内容ベースからコンピテンシー・ベース，あるいは資質・能力ベースへの改革が展開するなかで，主体性や情動や社会性等に関わる非認知的能力の重要性が注目されています。そして，コロナ禍において，友達と交わったり，ともに学んだりする学校の意味の再確認がなされるなかで，また，学びを止めないために，授業がなくても，学校外でも主体的に学ぶ力や態度を育てることの必要性が高まるなかで，非認知的能力の育成への関心はさらに高まることでしょう。

変化の激しい社会では，正解のない問題に対応したり，異質な他者と協働したりできること，新しい価値を創造することなど，人間にしかできないことが大事になってきます。とくに，AIの進歩などにより，将来，今ある職業の半分がコンピュータに代替されるなどと言われ，残るとされる職業の特徴から対人能力への需要が高まっていることが指摘されるようになりました。OECD（経済協力開発機構）が現代社会で求められる能力を明確化した「キー・コンピテンシー（key competency）」（①相互作用的に道具を用いる力，②社会的に異質な集団で交流する力，③自律的に活動する力）が日本で紹介されるようになった，2000年代半ばあたりから，いわゆる「学力」だけでは十分でなく，「コミュニケーション能力」も必要だという語りが広まっていきました。そうした多元的能力主義（本田，2005）が展開するなかで，2008年，2017年と，2度の学習指導要領の改訂が行われ，「活用」さらには「資質・能力」と，学校に期待される能力の範囲は広がっていったのです（松下，2010，石井，2015a）。

さらに，「教育経済学」と称して，ヘックマン（Heckman, J. J.）の研究（就学前教育による非認知的能力の向上がもたらす教育投資効果を示した）などが，教育制度レベルのみならず，子育てのノウハウのレベルで注目されるようになると，「非認知的能力」が注目される文脈に変化が起こり始めます。すなわち，「コミュニケーション能力」という言葉で象徴的に表現され，主に変化する社会の労働需要を指す傾向が強かったものが，早期教育や教育投資の対象として伸長可能な資質・能力，さらには訓練可能なスキルを意味するようになり，対人能力というよりも,「実行機能」「メタ認知」といった「自分をコントロールする力」への注目が高まっているのです（森口, 2019)。非認知的能力はIQよりも大事で, 自制心がありがまんができる子どもが将来成功しやすい。しかも, そうした能力は可塑性があり, 教育（訓練）によって伸ばせるし, 早期に介入したほうが効率がよい。そのようなうたい文句で, 子育てのノウハウ本やスキルトレーニング的なプログラムが巷《ちまた》にあふれるようになりました。

しかし, 非認知的能力の教育の強調においては, そもそも「自分をコントロールする力とは何か」「粘り強さとは何か」「コミュニケーション能力とは何か」といった概念の意味内容の検討が十分になされておらず, メタ認知や実行機能といっても性格の違う多様な内容が混在しています。また, 非認知的能力は, 操作可能な個人の心理的特性としてスキル化されがちで, それを直接的に訓練する傾向を生み出し,「非認知的能力の教育」は,「非認知的スキルの訓練」に矮小化されがちです。

本章では, 心理主義的なスキル化に陥らない形で, 非認知的能力をどう捉え, どうその育成のための手だてを考えていけばよいのかについて述べます。さらに, もともと「大きな学校」論としての性格をもっていた資質･能力ベースの改革について, 日本の学校の全人教育への志向性を生かしながら, 人間教育への改革として展開していくための視点を示したいと思います。

1 「主体性」概念の再検討

非認知的能力の定義, およびそれをどのような構成要素で捉えるかは必ずしも自明ではありません。たとえば, OECD（2018）は, 非認知的能力のうち, とくに, 社会経済的成功に関わり, 測定可能性と成長可能性をもつものを社会情動的スキルと規定し, 目標の達成（忍耐力, 自己抑制, 目標への情熱), 他者との協働（社交性, 敬意, 思いやり), 情動の制御（自尊心, 楽観性, 自信）の３つのカテゴリーで捉えています。そもそも非認知的能力とは, 文字通り,知識や思考やIQなどの認知的能力以外のものを意味します。それは，情意(情動と意思）や社会的能力（コミュニケーション能力や協働性やリーダーシップなど）に関わり，活動主体と対象世界（自然や社会や文化）との相互作用よりも，主体間の相互作用（他者との対話）や，主体の内部での自己内対話に関わるものと大きくは整理することができます。たとえば，「自分をコントロールする力」は，自己内対話を軸にした意志的なものと言えます。そして，効率的に訓練可能なもの，正確に言えば訓練の効果を実証しやすいスキルに議論の視野が限定されがちな状況の下で，コミュニケーション能力や協働性のように，社会関係に規定される側面が強い要素よりも，意志や情動といった，個人の努力や心のもちようによって，あるいは，薬で気分をコントロールするなど，生理的機能への医療的介入によって変化させやすい要素が注目される傾向が見えてきます。

さらに，一口に意志的な側面や主体性という場合にも，さまざまな意味内容が含まれている点に注意が必要です。たとえば，溝上慎一（2019）は，主体的な学習について，（Ⅰ）課題依存型（task-dependent），（Ⅱ）自己調整型（self-regulated），（Ⅲ）人生型（life-based）の３層からなるスペクトラムを示しています。（Ⅰ）は，「この課題に取り組むのはおもしろい」など，主体（行為者）が自らつくったものというよりも，課題（客体）を与える授業の雰囲気や与えられる課題の質に促されて，課題に働きかける主体が発現する状況を表しています。（Ⅱ）は，「難しい問題でもあきらめずに取り組もう」などの学習目標，「難しい問題は後回しにして，易しい問題から解答する」などの学習方略，「自分の考えの矛盾に気づく」などのメタ認知を用いて，自己を方向づけたり調整したりして課題に取り組む学習を指します。（Ⅲ）は，「将来弁護士になる」など，中長期的な目標達成やアイデンティティ形成（私は何者か），ウェルビーイング（幸福感）をめざして課題に取り組む学習を指します。（Ⅰ）から（Ⅲ）への深まりは，学習の質の高まりとは相対的に独自なもので，自分自身の存在への気づきや反省による自己（人間としての主体）の成長・発達を意味し，人生を背負ったより深い学習を展望するものです。

上記の3層をふまえるなら，「自分をコントロールする力」といった場合にも，たとえば，(1) 指示されたことを目先の誘惑に負けず遂行すること，(2) 目的意識をもってあれこれやり方を工夫しながら活動に取り組むこと，(3) 夢や志を実現するためにくじけないことは区別すべきだということがわかります。そして，教育活動によって意識的に育てるべき理念的な価値が見いだされ，教育目標として掲げうるものは (2) や (3) であり，授業次第でも変わる (1) は，学習への前提条件としての道具的側面と捉えるべきでしょう。しかし，こうした質の違う，時には矛盾するものが区別されずに一括りに扱われて，それが人生の成功条件になっていることが例証されたりするのです。

さらに言えば，追求する理念的な価値が違えば，仮に似たようなカテゴリーを設定していてもその意味は大きく異なってきます。たとえば，「自己調整」というカテゴリーにしても，既存のルールを順守して自分を律する忍耐強さの意味が込められることもあれば，自明の前提も省察する批判的精神につながる思慮深さの意味が込められることもあります。コンピテンシーや非認知的能力の要素として示されるカテゴリーは，めざす人材や市民の具体的な姿から，大まかな骨格だけを抽象したレントゲン写真のようなものです。そして，最大公約数的な特徴が，中性的で心理的な言葉で整理されることで，背後にある社会像や人間像に関わる立場の違いが捨象されがちとなるのです。

一見，だれも疑問をはさまなそうにも見えるOECDのキー・コンピテンシーの枠組みも，その作成過程の議論をみると，経済界が求める人材の訓練か市民社会を担う政治主体の育成かといった具合に，めざす社会像や人間像をめぐる価値的な議論が行われていて，それが，キー・コンピテンシーの一部を測るものとされるPISAにおいて，市民社会的な文脈の問題の出題にもつながっています。たとえば，PISA2018において，他国に比して，日本の子どもたちのできが悪かった問題の一つは，ある商品の安全性について，製造企業の宣伝サイトとネット上の雑誌記事を比べて情報の質や主張の信憑性《しんぴょう》を評価し，自分ならどう対処するか根拠を示して説明する，コンピュータ使用型の問題でした（日本の正答率 8.9％，OECD 平均 27.0％）。この問題のできが悪かったことを受け，経済成長的観点からは，デジタルスキルの強調に向かいがちですが，市民社会的観点からは，批判的なメディアリテラシーの重視を導き出すこともできるのであって，めざす社会像，人間像を具体的に問うことが重要です。

OECD は，「OECD Future of Education and Skills 2030 プロジェクト」（Education 2030 プロジェクト）で，新しい能力のモデルを提示しています。そこでは個人と集団のウェルビーイング（well-being）を実現する活動主体（agency）という価値的な人間像を掲げたうえで，非認知的能力も含めた包括的な能力が強調されています[38]。2018 年に発表された「学びの羅針盤（OECD Learning Compass）2030」（図 3-1）では，読み書き能力やニューメラシー（数学活用能力・数学的リテラシー）に限らず，データ・リテラシー（データ活用・解析能力）やデジタル・リテラシー（デジタル機器・機能活用能力），心身の健康管理，社会情動的スキルも含む，知識（knowledge），スキル（skills），態度・価

図3-1　OECD ラーニング・コンパス（学びの羅針盤）2030

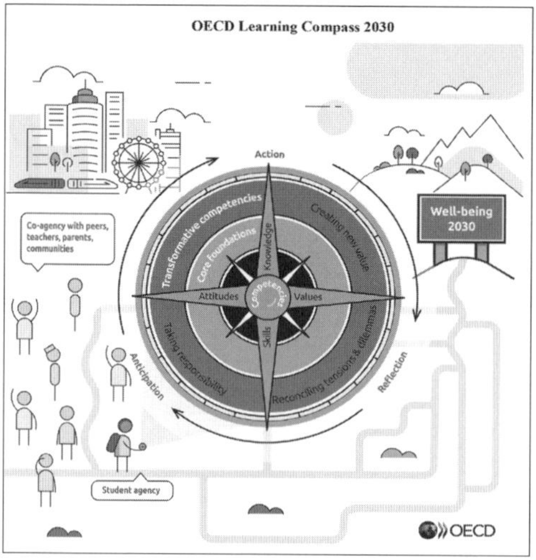

出典：
http://www.oecd.org/education/2030-project/teaching-and-learning/learning/learning-compass-2030/OECD_Learning_Compass_2030_concept_note.pdf
（2020年8月20日確認）

値観（attitudes and values）の3つが一体のものとなって絡み合い，よりよい未来の創造に向けた変革を起こすコンピテンシー（competencies）（「新たな価値を創造する力（creating new value）」「対立やジレンマに対処する力（reconciling tensions & dilemmas）」「責任ある行動をとる力（taking responsibility）」）が育成されることを示しています。そして，見通し（Anticipation）・行動（Action）・振り返り（Reflection）の「AARサイクル」を回しながら，個人のみならず社会のウェルビーイングをめざして学んでいくとされています。自分のためだけでなく，よりよい社会に向けて，社会に働きかけそれを創り変えていく，そのような，必ずしもビジネス的な関心に閉じていない，社会派な活動主体が想定されていることがわかります。

2　学校教育の目標として保障すべき非認知的能力とその育成の方法論

このように，「非認知的能力」に関する科学的知見とされるものについては，没価値的で，測定しやすく，訓練さらにはエンハンスメント（医療技術を用いて身体機能や精神機能を増進させる介入）の対象としやすい道具的なものに限定される傾向があり，各現場で教育目標として想定している価値的な内容（子どもたちへのねがい）との間に実際にはずれが生じている可能性があります。成功する人は「○○である」というのは，結果論であって，成功する真の要因を探り当てているとは限りませんし，何をもって「成功」とするかも論争的です。そもそも「○○である」からといって，「○○であるべき」とは限りません。こうした点に無自覚でいると，学校現場の側の価値的な理念自体が空洞化し，測定・訓練可能なものへの矮小化に向かいかねない点にも注意が必要です。これに対し，非認知的能力として一括りに論じられるものの性格の違いを整理しつつ考えていくことで，それを育む手だても見えてきます。

たとえば，次ページの表3-1のように，情意の中身を考える際は，学習へ

表3-1　情意の諸相（中身と育成の方法論）

	情意の中身	育成の方法論
入口の情意	真面目さや積極性としての授業態度，興味・関心・意欲，一般的な学習方略（勉強法的な学び方）	授業の工夫による喚起の対象，継続的な訓練と習慣化の対象（学習の前提条件）
出口の情意	知的な試行錯誤の過程に見られる，教科の見方・考え方を働かせながら思考しようとする態度，ものごとを深く認識した結果生じる価値や行動の変容	教科の意識的・系統的な指導によって，内容を伴って伸長させていく対象（教科の目標：ねらい）
	問題解決を成功に導く思考の習慣，市民としての倫理・価値観など，人間的な成長に関わる価値や行動の変容，思想や立場（軸）の自己形成	学校生活のあらゆる場面で追求し続け，文化によってじわじわと個人のなかに育まれ根づいていくヴィジョン（学校教育目標：ねがい）

（筆者作成）

の動機づけに関わる「入口の情意」と，学習の結果生まれ，学習を方向づける「出口の情意」とを区別する必要があります。授業態度などの入口の情意は，授業の前提条件として，教材の工夫や教師の働きかけによって喚起すべきものであり，授業の目標として掲げ系統的に育て客観的に評価するものというよりは，授業過程で学び手の表情や教室の雰囲気から感覚的に捉えられる部分も含め，授業の進め方を調整する手掛かりとして生かしていくものです。これに対し，批判的に思考しようとする態度や学び続けようとする意志などの出口の情意は，教育活動を通してこそ子どものなかに生じて根づいていく価値ある変化であり，目的や目標として掲げうるものです。

出口の情意のなかでも，言葉選びの微妙な違いへの敏感さ（国語科）や，条件を変えて考えてみたらどうなるかと発展的に問いを立てようとする態度（数学科）など，教科の中身に即して形成される態度や行動の変容は，知識や考える力とともに意識的に指導することで育んでいける，教科の目標（ねらい）として位置づけうるものです。一方，論理的に思考しようとする態度，いじめを人権侵害と感じられる人権感覚，自分と異なる価値観への共感性や寛容性など，より根源的で人間的な成長に関わる価値は，教科を超えて，さらには，学校生活のあらゆる場面で追求し続けるべきヴィジョン（ねがい）として位置づけられるものです。

「粘り強さ」という目標一つをとっても，それは，①勉強への粘り強さ（努力と忍耐）とも捉えられるし，②教科への粘り強さ（容易に納得せず問いを追究する批判的な思考態度）とも捉えられるし，③人生への粘り強さ（責任を引き受け，レジリエントに学び続ける志：GRIT[39]）とも捉えられます。表3-1に即して考えれば，②などは，教科の目標（ねらい：到達目標）となりうる態度であり，指導を通じて育て形成的評価等の対象となりえますが，学校教育目標レベルで「ねがい」（方向目標）として意識すべきは③でしょう。そして，「ねがい」は，教科の学力評価の対象ではなく，ヴィジョンとして絶えず追求し，日々の実践と目の前の子どもの姿を通して，教師自身がその意味を確かめ続けていくものです。

認知的能力と同様，非認知的能力の育成についても，それを系統化したりスキル化したりして個々人を対象に直接的に訓練するような方法がイメージされがちです。しかし，コミュニケーション能力などは，どういった雰囲気の集団でだれとコミュニケーションするかによって，表出されるものは異なります。非認知的能力の欠如とされる状態の多くは，個人の能力や気質の問題というよりも，関係性の質に由来するという見方を忘れてはなりません。乳幼児期における非認知的能力の育ちの重要性を示唆する研究成果については，そうした能力の積極的伸長を目的とした個人への指導的介入（教育）の必要性を示唆するというよりも，それがおのずと育まれる子どもたちの地域の遊び環境や家庭の生活環境の量的・質的な整備（福祉）の必要性を示唆するものとみることもできます。

たとえば，先述の社会情動的スキルとして挙げられる，目標の達成については，学習計画を立てさせるような直接的な介入のみならず，人生のロールモデルや志を形成する地域等での社会的な活動や出会いの機会の保障を，他者との協働については，ロールプレイ等によるソーシャルスキルの訓練のみならず，互いを尊重する文化と社会関係（共同体）を学級や学校に構築し協働で何かをやり遂げる経験を積み上げていくことを，そして，情動の制御については，成功体験やほめ方の工夫のみならず，存在が承認され安心を感じられる基本的なつながりや場を，子どもの生活環境において保障していくことを，すなわち，個々人を変えること以上に，学校や家庭や地域の社会環境の側を変えたり整えたりすることのほうを重視すべきでしょう。

日本は学校においても，共同体的生活のなかでつながりや社会性の発達を保障してきました。表3-2に示したように，協働や自律に関わる非認知的能力の育成については，もともと教科外活動のなかで取り組まれてきたのです。日々の学校生活や行事等における学習経験については，人格的価値に関連するものであるため，教師による知識やスキルの計画的指導というよりは，プログラム化できない全人格的な体験を通じて，自己の生き方・あり方に子どもたち自らが気づいていくという側面が強くなります。学校で個人を対象とする直接的介入を試みる前に，特別活動や学級活動など，非認知的能力を間接的にゆるやかに育ててきた学校の共同体的側面を再評価することも必要でしょう。

そして，より本質的には，過度な合理化により人が育つ間やつながりや余白をなくしてしまった，あるいは，経済的・社会的・文化的な貧困により人間的な生活や存在の基盤の崩壊が拡大している，現在の子どもたちの学校外の生活環境の問題への福祉政策面，社会教育政策面，地域社会政策面での対応は不可欠です。子どもたちを変えようとする前に，大人たちが自分たちのつくっている社会を問い直すところから考えていかねばならないのです。

3 「日本の学校」の全人教育への志向性を人間教育へとつなぐ

(1)「日本の学校」の光と影を見極める

第2章で述べたように，そもそも非認知的能力への注目の背景にある，コンピテンシー・ベースの教育改革の核心は，変化する社会における人間への能力要求の高度化，および，学校外の家庭や地域の人間形成機能の低下を背

表3-2　学校で育成する資質・能力の要素の全体像

	能力・学習活動の階層レベル（カリキュラムの構造）		資質・能力の要素（目標の柱）知識	スキル 認知的スキル	スキル 社会的スキル	情意（関心・意欲・態度・人格特性）	
教科学習	教科等の枠づけのなかでの学習	知識の獲得と定着（知っている・できる）	事実的知識，技能（個別的スキル）	記憶と再生，機械的実行と自動化	学び合い，知識の共同構築	達成による自己効力感	主体性（Ⅰ）
		知識の意味理解と洗練（わかる）	概念的知識，方略（複合的プロセス）	解釈，関連付け，構造化，比較・分類，帰納的・演繹的推論		内容の価値に即した内発的動機，教科への関心・意欲	
		知識の有意味な使用と創造（使える）	見方・考え方（原理，方法論）を軸とした領域固有の知識の複合体	知的問題解決，意思決定，仮説的推論を含む証明・実験・調査，知やモノの創発，美的表現（批判的思考や創造的思考が関わる）	プロジェクトベースの対話（コミュニケーション）と協働	活動の社会的レリバンスに即した内発的動機，教科観・教科学習観（知的性向・態度・思考の習慣）	主体性（Ⅱ）
総合学習	学習の枠づけ自体を学習者たちが決定・再構成する学習	自律的な課題設定と探究（メタ認知システム）	思想・見識，世界観と自己像	自律的な課題設定，持続的な探究，情報収集・処理，自己評価		自己の思い・生活意欲（切実性）に根差した内発的動機，志やキャリア意識の形成	
特別活動		社会関係の自治的組織化と再構成（行為システム）	人と人との関わりや所属する共同体・文化についての意識，共同体の運営や自治に関する方法論	生活問題の解決，イベント・企画の立案，社会問題の解決への関与・参画	人間関係と交わり（チームワーク），ルールと分業，リーダーシップとマネジメント，争いの処理・合意形成，学びの場や共同体の自主的組織化と再構成	社会的責任や倫理意識に根差した社会的動機，道徳的価値観・立場性の確立	主体性（Ⅲ）

※社会的スキルと情意の欄でレベルの区分が点線になっているのは，知識や認知的スキルに比べてレベルごとの対応関係がゆるやかであることを示している。

※文字の網かけ部分は，それぞれの能力・学習活動のレベルにおいて，カリキュラムに明示され中心的に意識されるべき目標の要素。

※認知的スキル・社会的スキルの中身については，学校ごとに具体化すべきであり，学習指導要領等で示す場合も参考資料とすべきだろう。情意領域については，評定の対象というより，形成的評価やカリキュラム評価の対象とすべきであろう。

※右端に，溝上が提起する主体性の3層（(Ⅰ)課題依存型，(Ⅱ)自己調整型，(Ⅲ)人生型）との対応関係を記している。学校内外での社会的活動や自治的活動等で経験するような，自己の立場を社会との関係で位置づけたり，自らが所属する共同体や社会自体を創り変えたりする部分は，主体性(Ⅲ)の自己像からはみ出す部分もあると考え，行為システムのすべてをカバーしない形で主体性(Ⅲ)の矢印の範囲を示している。

出典：石井（2015a）p. 23に，主体性の3層との対応関係を加筆

景にした，社会が求める「実力」と学校が育成してきた「学力」とのギャップを埋めること，社会との関係における学校が果たすべき機能と役割の線引き問題です。とくに，非認知的能力については，家庭や地域等でのさまざまな人間関係や生活や遊びを通じて，当たり前のようにおのずと育っていたはずのものが育っていないという状況が見られます。

こういった状況に対して，学校ですべきこと，できることという点で言えば，先述のように，そもそも日本の学校は，そこでの生活を通して，みんなで学び，みんなでクラスの問題を解決したりするなかで社会性や人格をも育てる「共同体としての学校」として普及・発展してきた点を再確認すべきです（木村，2015）。生徒会活動，文化祭，体育祭，学級活動といった特別活動の存在は，そうした日本の学校の全人教育としての性格をよく表しています。

コンピテンシー・ベースの潮流に乗って，学級会，掃除，日直など，教科外活動のノウハウは「日本型教育」として，いまや諸外国に輸出すらされています[40]。このように全人教育の強みが世界的に再評価されると同時に，そのマイナスの部分も顕在化してきているように思います。すなわち，日本の教育の共同性は画一性と結び付きやすく，みんな一緒にという同調圧力ゆえに，個性的な子が生きづらい場であったかもしれませんし，濃密な関係性は，いじめが生まれる土壌でもありました。

さらに言えば，従来の学校教育は，とくに日本の教育は知識偏重だったと言われますが，日本においては，初代文部大臣森有礼による「人物第一，学力第二」という言葉によく表れているように，むしろ理屈よりも情を重視し，物事を合理的に認識して理性的に議論・判断することが軽視されがちでした。そうした，何事も個人の努力や心構えに還元する自力主義的で精神主義的な傾向は，学力論争で「態度主義」として批判されてきました（中内，1983）。

第５章でも述べるように，日本の村落共同体的なタテ社会や日本人の「心でっかち」[41]な精神主義に由来する，同調主義と自力主義を問い直す視点をもちながら，日本の学校が大事にしてきた，全人教育への志向性を，個の市民的・

人間的自立につながる「人間教育」として再構成していくことが必要です。

(2)「新しい能力」への要求を社会的自立へとつなぐ

また,「新しい能力」への社会的必要性が現在高まっていて，学校でそれを教育することが必要であるという言説については，その前提を少し疑ってみることが必要です。たとえば，サービス職の拡大などの職業構成の量的変化や，職業に求められる能力の変化ゆえに，いまコミュニケーション能力が必要だという前提に対して根拠を疑問視する議論もあり，学校で人的能力を開発することが経済発展にも有効だという知見についても論争的です（仁平, 2019)。そもそも，学校教育は，産業界の人材育成（社会の都合）のためのみにあるのではなく，社会のなかで自分らしくよりよく生きていく自立した個人を育てるために，子どもが人間らしく成長・発達していく権利を保障する場であって，ビジネス的価値観や職業への準備性（雇用可能性〈employability〉）が前面に出てくることに対しては，違和感をもつ人も多いでしょう（神代, 2020)。

確かに，日本の学校は，働くことやお金を稼ぐこと，ひいては社会人として経済的に自立して生きることについて学び，考える機会が少なく，教育内容の職業的意義があまりにも考慮されてこなかったのも事実です（本田, 2014)。まさに社会的自立や一人前にしていくという観点から，高等教育や中等教育においては，自分たちの足元で生じている「変化する社会のリアル」に目を向けさせ，実際に社会の活動に参加したりもしながら，労働者として，さらには市民として，一人の個人として，幸福にどう生きるかをリアルに考えることがもっとなされてよいでしょう。

その一方で，幼稚園，小学校からデジタル機器を無批判に与えたり，グループワークやプレゼンテーションの仕方のうまさにこだわりすぎたりすることで，小さなビジネスマンのような表面的なスキルの形成になってしまうことには注意が必要です。人間としての精神・身体機能や社会関係の素地が形成される子ども期においては，たとえば，タブレット端末の活用などについても，大人に対して以上に，健康上・発達上のリスクや適切性を考慮する必要がありますし，今の時代に役に立つ（逆に言えば，すぐに役立たなくなる）スキルよりも，人間性の基盤となる言葉の力や認識の力などにこそ注目し，それを体験的に，時には静かに手間をかけながら育てていくことをまずは大切にすべきです。

(3) 社会への関心の広がりと市民的成熟の重要性

変化が激しく予測不可能な社会と言われたりしますが，変化のベクトルを把握し，ある程度の見通しをもつことはできます。変化の激しい社会だからこそ必要なのは，社会への関心であり，その社会との関係で自分のあり方を考えていく経験なのです。

いまやマスコミもワイドショー化して，社会問題の見方や議論の仕方を学ぶ機会が少なくなっているなかで，成熟した大人（市民）に向けての教育を考えていくことがとくに重要です。そのためには，これまで日本で十分に展開されてこなかった，学校での市民性教育はもちろん，それ以上に，若者を巻き込みつつ，地域等で，職業体験や奉仕体験にとどまらない，市民活動への参加や社会的な経験の機会を充実させていくことが必要でしょう。

そうして学校外の子どもの生活環境や発達環境全体を，より人間的で真に学びを促すものにしていく努力を進める一方で，学校教育については，改めて学校の強みを確認していく作業が必要です。人材育成重視のコンピテンシーという発想や，学び方重視の汎用的スキルやアクティブ・ラーニングといった目新しいトレンドの追求は，教育の市場化や経済効率や便利さを追求する流れのなかに置かれるとき，人材育成という当初の目的すら達せられないでしょう。

日常生活の延長線上に学校があるなら学校はいらないし，今の社会に適応する実用的な学びのみでは，即戦力やただ生き延びる力にはなっても，伸び代のある真に実践的な力や，変化する社会をしたたかに生き抜きながら，人間らしく自分らしく豊かに生きていく力，社会をつくりかえていく力にはつながりません。実用や便利さや効率性の外部にある，手間や回り道の意味に注目してこそ，社会に踊らされない，人間としての軸が形成されるのです。

歴史的にも，実用性が強調されるとき，一般教育や教養の重要性が提起されてきました。現在，諸外国においては，コンピテンシー・ベースの改革への対抗軸として，そうした教養や総合知の重要性が提起されています（久田，2013，石井，2019）。とくに，社会の変化が，人間が育つ環境を崩す方向で作用している現状においては，その社会の支配的な価値に対する逆価値を追求することも必要です。

より合理的で自由な社会をめざした先に，個別化・流動化・フラット化・標準化などが進んでいます。そうした再帰性の高まった現在の後期近代的状況においては，それぞれの社会システム内での閉じたループが加速度的に展開することで効率性追求が自己目的化し，知の断片化や社会の分断が進み，非人間的な社会や教育に向かいがちです。他方，こうした価値観を根底から問い直し，文化性（回り道や遊びや美的なもの），共同性（つながりや分かち合い），公共性（対話や共生）等を大事にする，人間的な社会や教育につながる契機も見いだすことができます。AIの進歩が「人間らしさ」をゆさぶるなか，「人間的であるとはどういうことか」という問いが切実性を帯びており，陳腐にも映る「人間教育」という言葉をいま用いる意味はそこにあります。

「足元の具体的経験や生活から学び，そこで自分の視野の狭さに気づく経験」「子どもだましでない嘘くさくないホンモノのおもしろさを経験しながら，時に先達の追究の厚みに圧倒され，自らの非力を感じながら，力をつけていく経験」，こうした「真正の学び」には，挑戦や試行錯誤や失敗がつきものです。家庭や地域や社会が，教師や学校，そして子どもたちをもう少し信頼し，それぞれの挑戦を見守ることが肝要です。

そうして子どもたちが人間として成熟するにつれて，敷かれたレールをたどる指示待ち状態も克服されてくるでしょうし，視座の高まりや人間的成長は，認識の深化をもたらし，結果として，進路保障にもつながることでしょう。人が育つということのイメージが，近視眼的で表層的なスキル形成へと矮小化されるなかで，人とのつながりや場のなかでじわじわと，そして時に劇的に生じる認識の転換や人間的成長にこそ目を向けることが必要です。

第4章

人間的成長に響く質の高い教科学習へ

「訓育的教授」の現代的な形

新学習指導要領で「アクティブ・ラーニング」や「主体的で対話的で深い学び」の必要性が提起されるなど，大学入試改革ともセットで授業改革が叫ばれ続けるなか，「授業」がゆれています。そして，コロナ禍のなかで，「授業とは何か」「何がよい授業なのか」「そもそも授業という形は必要か」という問いはさらに切実性を帯びてきているように思います。質の高いよい授業とは，ICTやさまざまな手法を駆使した革新性があればよいのでしょうか。子どもたちの学び合いが活発であればよいのでしょうか。あるいは，学力テストの結果につながっていればよいのでしょうか。

日本全国の小学・中学・高校の教室を訪れていると，対象とする子どもの違い，それぞれの学校や教師の間の考え方や立場の違いはあっても，教育や授業を考えるうえで最終的に立ち戻るべき芯の部分において共通性を見いだすことができますし，今の学校や子どもたちの状況と格闘するなかで授業づくりに生じている，一定の方向性（授業変革のベクトル）をゆるやかに確認することもできるように思います。

筆者は，こうした多くの学校や教室でじわじわと進行している授業の変化，その良質の部分を概念化する形で「真正の学び」，とくに教科においては「教科する」授業の実現というヴィジョンを提起してきました。そしてそれは，教養と自治を結び付け，「深い学び」の先に「重い学び」を展望することで，人間的成長にも響くような教科学習のあり方を提起するものです。

本章では，「真正の学び」と「教科する」授業について述べることを通じて，授業という営みの不易の部分や可能性について考えてみたいと思います。

1　教師主導か学習者主体かの二項対立が見落としている授業の本質

(1)「日本の授業」の課題を掘り下げる

この間，授業改革をめぐっては，旧来型の教師主導の授業か学習者主体の新しい授業かといった二項対立の語りをしばしば耳にします。さらに，コロナ禍のなかでは，オンライン授業か対面式授業かなど，手法やスタイルで現場が分断される状況も見られます。確かに，とくに中学・高校でしばしば見られる，チョーク＆トークの一方的な一斉授業は，受験対策と結び付いて，内容解説と問題演習に終始し，退屈な授業で生徒は受け身になり，思考しコミュニケーションする機会も欠いて，受験が終わったら忘れてしまう「生きて働かない学力」になりがちでした。

これに対して，新しい時代のよい授業とみなされがちな学び合いの授業は，学習者が主人公の生き生きとした姿や，アイデアの創発をめざしてはいますが，思考をゆさぶる指さしとしての発問など，学びを深める指導もなく，学習のめあてと手順を示して子どもを動かすだけの授業になりがちです。他方，旧来型とされる教えることや一斉授業はより塾化しているように思います。「（演習問題を）解く，進める」ことに重きを置く，受験対策へと効率化された勉強文化が，進学塾等において今まで以上に強まり，それが学校にも影響を与えるようになり，「解く，進める」ことが「理解する」ことや「考える」ことだと子どもたちは誤認し，塾も学校も，「立ち止まり」や「回り道」という理解や思考にいざなう強みと矜持《きょうじ》を見失っているように思われます。

教師主導か学習者主体かといった二項対立のなかで，旧来型と一括りにされがちな授業のなかにある良質の遺産，そこに見いだせる日本の教育の強み，学校の強みが見落とされてはいないでしょうか。同じく一斉授業といっても，とくに小学校の教師たちが追求してきたような，クラス全体での創造的な一斉授業は，つまずきを生かしたりしつつ，一人ひとりの考えをつないだりゆさぶったりして思考を練り上げていく質の高さをめざしてきました。しかし，それは子どものつぶやきにアシストされながら，教師が想定する流れや結論を押し付ける授業になりがちでした。また，高校などにおいては，「学問の香り，ホンモノの香りのする授業」という言葉で，ホンモノの素材や問いをぶつけ，教師の語りや背中でその道のおもしろさを示すような，受験勉強を超えて大学の学問につながるような授業がめざされてきました。しかし，それは，一部の生徒たちを感化する（教師の社会や学問への関心や姿勢が伝染する）ことはあっても，すべての生徒たちにその教科のうまみを保障する仕掛け（その教科が苦手な生徒の心もくすぐるような教材や，一人では立ち向かえない課題にグループでともに支え合いつつ挑戦するような学習形態等）が工夫されていたとは言えません。

(2) 対象世界にともに向き合う関係性こそ本丸

学習活動は何らかの形で対象世界・他者・自己の３つの軸での対話を含んでいます。「主体的・対話的で深い学び」についても，学習活動の３軸構造に対応するもの（対象世界との深い学び，他者との対話的な学び，自己を見つめる主体的な学び）として捉えることができます。このように，自己や他者と向かい合うだけでなく，対象世界と向き合うことも忘れてはならないというメッセージが，「主体的・対話的で深い学び」という順序に表れています。

ところが，よくよく考えてみると，グループで頭を突き合わせて対話しているような，主体的・協働的な学びが成立しているとき，子どもたちの視線の先にあるのは，教師でも他のクラスメートでもなく，学ぶ対象である教材ではないでしょうか。授業という営みは，教師と子ども，子どもと子どもの一般的なコミュニケーションではなく，教材を介した教師と子どもたちとのコミュニケーションである点に特徴があります。学習者中心か教師中心か，教師が教えるか教えることを控えて学習者に任せるかといった二項対立の議論は，この授業という営みの本質的特徴を見落としていると言わざるをえません。

授業という営みの本質的特徴をふまえるなら，子どもたちがまなざしを共有しつつ教材と深く対話し，教科の世界に没入していく学び（その瞬間おのずと教師は子どもたちの視野や意識から消えたような状況になっている）が実現できているかを第一に吟味すべきです。教科学習としての質を追求することとアクティブ・ラーニングとは対立的に捉えられがちですが，教科本来の魅力の追

図4–1　学習者，教材（対象世界），教師の関係構造

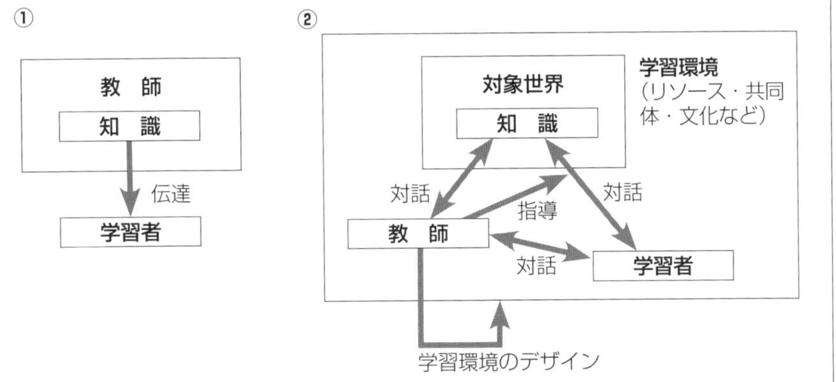

※図②において，教師と学習者は，同じ対象を共有し，協同して活動している点で対等な関係にある。一方で，図の位置関係が示すように，教師は，いわば先行研究者として，学習者の学習活動を見通し導きうる位置にある。ゆえに教師は，学習者の教材（対象世界）との対話を深めるべく直接的な指導を行ったり，時には，教師自身も埋め込まれている学習環境をデザインする間接的な指導性を発揮したりするのである。

出典：石井（2020a）p.174

求の先に結果としてアクティブになるのです。教師主導は教師を忖度《そんたく》する授業（図 4-1-①）に，学習者主体は教材に向き合わない授業になりがちです。教師主導でも学習者主体でも，子どもを引き込み，成長を保障する授業は，図 4-1-②のように，教材（対象世界）を介して教師と子ども，子ども同士が向かい合い，ともに教材に挑む関係性になっています。日本の良質の実践はまさにこの点を追求したものでしょう。

従来の日本の学校と授業の強みを発展的に継承しながら，教え込みにも学び合いにもとどまらない，子どもを教材と出会わせ没入させ，学びの深さへといざなうような授業を構想することが課題です。そうした授業のあり方として，「真正の学び」の必要性を提起したいと思います。

2　真正《ホンモノ》の学びとは

本書で繰り返し述べてきたように，第 4 次産業革命期ともいわれる，変化の激しい現代社会において，学校と社会とのつながりを問うことが課題となっています。ところが，従来の学校の学びは，そもそも社会や生活とのつながりを十分に意識化してきたとは言えません。人間の有能性は文脈によって大きく規定されますが，学校での学習の文脈があまりに不自然で，生活文脈とのつながりが見えないために，子どもたちの本来の可能性や有能性が発揮できていないことがあるのではないでしょうか。学校で学んでも生活や社会で「生きて働かない学力」になっているのではないでしょうか。

たとえば，ドリブルやシュートの練習（ドリル）がうまいからといってバスケットの試合（ゲーム）で上手にプレーできるとは限りません。ゲームで活躍できるかどうかは，刻々と変化する試合の流れ（本物の状況）のなかでチャンスをものにできるかどうかにかかっており，そうした感覚や能力は実際にゲームをするなかで可視化され，育てられていきます。ところが，従来の学校において，子どもたちはドリルばかりして，ゲーム（学校外や将来の生活で遭遇する本物の，あるいは本物のエッセンスを保持した活動）を知らずに学校を去ることになってしまっています。

このゲームに当たるものを学校で保障し，コンピテンシーにもつながる「生きて働く学力」を形成していこうというのが，「真正（本物）の学び（authentic learning）」の考え方です。それは，教科においては，教科の一番おいしいプロセスを子どもたちにゆだねる「教科する（do a subject）」授業として定式化できます。人はだれとどのような場で学ぶかという文脈によって，その有能性が規定されます。しかし，多くの場合，子どもたちは，自分たちの実力が発揮できる「見せ場（exhibition）」を与えられていません。関西弁で言うなら，子どもをいちびらせる場。つまり，舞台に乗せてその気にさせるうちに場や舞台が人をつくっていくというようなことです。学校行事や自治的活動や探究的な学びなど，教室外や学校外のオーディエンスも意識しながら自分たちが責任を引き受けて協働で取り組む教科外活動や総合学習だけでなく，教科においても，子どもたちのすごさやかっこよさが見えるような舞台づくりを意識しながら授業を展開していくことが重要です。

本章で「真正（本物）の学び」に込めた意味をまとめておきます。

①「本物＝実用」ではない。「本物」とは，教育的に（時に嘘くさく）加工される前の，現実のリアルや文化の厚みにふれることを意味する。

②わかっているつもりは，現実世界の複雑さから，また，できているつもりは，その文化や領域の追究の厚みからゆさぶられることで，教科の知と学びは血が通ったものになっていく。

③「学問のにおい，ホンモノのにおいのする授業」，そんな実践を志向する教育文化を生かしながら，人間的成長にもつながる人間くさい質の高い学びをすべての子どもたちに保障する。

④質の高い本物の学びを経験することを通して，現実や社会への関心が広がり，視座が上がることで，社会が求めるコンピテンシーや進路実現で大事になるテスト学力にもつながる。

3　教科におけるホンモノの学びとしての「教科する」授業とは

教科学習としての質を追求するというと，この内容を押さえているか，このレベルまで到達させているかといった具合に，内容面からの議論に視野が限定されがちです。しかし，資質・能力ベースのカリキュラム改革においては，目の前の子どもたちが学校外での生活や未来社会をよりよく生きていくこととのつながりから，既存の各教科の内容や活動のあり方を見直すことが，すなわち，「真正の学び」の保障，および，第１章で述べたように，「使える」レベルの学力を保障することが求められています。

学校教育の強みは，現実から距離をとって「立ち止まること」，あるいは「回り道」（知識を系統的に学ぶことなどにより，日常生活を送るだけでは生じない認識の飛躍を実現する）にありますが，生活（生きること）への「もどり」がないために，学校のなかでしか通用しない学びになってしまっています。いやそれどころか,「立ち止まり」や「回り道」すらもできなくなっています。そもそも文化は有能性よりも遊びに関わります。しかし,学校や学校外の進学塾的な勉強は,文化を遊ばず,味わわずに,それを筋トレや選別の道具として使ってはいないでしょうか(例:おいしい料理を味わわずに,早食い大食いを強いられているうちに,それが自己目的化してしまい,味わえなくなる)。思考の体力づくりは大事ですが,筋トレのための筋トレは,受験というゲームで勝ち抜くためだけの学力となり,成長の伸び代をつぶすことになりかねません。問題は解けても,なぜそうなるのかがわからない,難しい問題は解けても基本的な概念が理解できていない,さらには,立ち止まってなぜかということをじっくり考えることに価値を置かず,要は答えを覚えておけばよいという学習観が広まっていないでしょうか。

とくに中学・高校においては,保護者にも根強いそうした学習観に流されるか,それと対峙するかが問われているように思います。たとえば,大学入試の問題のすべてとは言いませんがその一部には,学問や社会からのメッセージが埋め込まれていたりします。それを問題演習の道具として扱い,入試でしか使えないパターンを教える傾向が強まってはいないでしょうか。高校で力量のある教師は,入試問題の中にある学問や社会の痕跡を掘り起こして,学問を学問として,ホンモノをホンモノとして教えてきたように思います。

学ぶ意義も感じられず,教科の本質的な楽しさにもふれられないまま,多くの子どもたちが,教科やその背後にある世界や文化への興味を失い,学校学習に背を向けていっています。社会科嫌いが社会嫌いを,国語科嫌いがことば嫌い,本嫌いを生み出しています。「真正の学び」の追求は,目の前の子どもたちの有意義な学びへの要求に応えるものです。ただし,有意義な学びの重視は,教科における実用や応用の重視とイコールではありません。教科の知識・技能が日常生活で生きることを実感することのみならず,知的な発見や創造のおもしろさにふれることも,知が生み出される現場の人間くさい活動のリアルを経験するものであるなら,それは学び手の視野や世界観(生き方の幅）を広げゆさぶり豊かにするような「真正の学び」となります。

よって，教科における「真正の学び」の追求は，「教科の内容を学ぶ（learn about a subject）」授業と対比される，「教科する（do a subject）」授業（知識・技能が実生活で生かされている場面での活動や，その領域の専門家が知を探究する過程を追体験し，「教科の本質」をともに「深め合う」授業）を創造することと理解すべきでしょう。そして，「教科する」授業は，教科の本質的かつ一番おいしい部分を子どもたちに保障していくことをめざした，教科学習本来の魅力や可能性，とくにこれまでの教科学習であまり光の当てられてこなかったそれ（教科内容の眼鏡としての意味，教科の本質的なプロセスのおもしろさ）の追求でもあります。

教科学習の本来的意味は，それを学ぶことで身の回りの世界の見え方やそれに対する関わり方が変わることにあります。「蒸発」という概念を学ぶことで，水たまりが次の日にはなくなっているという現象のメカニズムが見えてくるし，蒸発しやすくするため衣類を温めてから干すなどの工夫をするようになるといった具合に，教科内容の眼鏡としての意味を顕在化するわけです。また，教科の魅力は内容だけではなくプロセスにもあります。たとえば，歴史を教える教師の多くは，子どもたちが，一つ一つの歴史的な出来事よりも，それらの関係や歴史の流れを理解することが大事だと考えているでしょう。しかし，授業で子どもたちは，板書されたキーワードをノートに写しても，教師が重要かつおもしろいと思って説明しているキーワード間のつながりに注意を向けているとは限りません。まして，自分たちで出来事の間のつながりやストーリーを仮説的に考えたり検証したり，自分たちなりの歴史認識を構築したりしていく「歴史する（do history）」機会は保障されることがありません。

教材研究の結果明らかになった知見でなく，教材研究のプロセスを子どもたちと共有することで，多くの授業で教師が奪ってしまっている各教科の一番本質的かつおいしいプロセスを，子どもたちにゆだねていく。たとえば，教師の間で物語文の解釈をめぐって議論が起きたなら，テクストの該当部分についてその論点を子どもたちとも議論してみる。教科書への掲載にあたって改作された作品について，原文との表現の違いを検討したなら，子どもたちにも比較検討をさせてみるわけです。

「教科する」授業は，本物の活動のプロセスを味わうなかで，活動の骨組みとなる能力の要素を育成し，自己と自己を取り巻く世界とのつながりを編み直し，世界への関心を広げるような，認知的に高次であるだけでなく，認識に深さや重さを伴う学びをめざします。またそれは，教師と子どもの垂直的な教え込み関係でも，子ども同士の水平的な学び合い関係でもない，教師と子どもがともに教材と向かい合い，学び手として競り合うナナメの関係を構築するものです。

ここで，「教科する」授業を創るうえでの４つの問いを示しておきます。この４つの問いを念頭に置いて実践を構想したり，検討したりすることで，先に示したような「真正の学び」に込めた意味の実現を図るのが「教科する」授業という授業づくりのヴィジョンです。

①本時や単元の「ねらい」の先に，目の前の子どもたちの人間的成長への「ねがい」を見据えているか。「ねがい」から教科の当たり前も問い直す。

②「知っている・できる」「わかる」を超えた，「本物」を経験する学習活動（問いや課題）を子どもたちに保障できているか。学力を２層ではなく３層で捉えて，「使える」レベルの学力を意識した学習活動をデザインする（図 4-2）。

③子どもが教科書的な正答や教師を忖度する関係を超えて，しっかりと教材や文化と向かい合えているか。教え込み（タテ関係）でも，学び合い（ヨコ関係）でもない，教師と子どもが競る関係（ナナメ関係）を構築する（図 4-1）。

④知識の量と幅やその定着を保障する手だてが活動に埋め込まれているか。知識の吸い上げ（教科書をも資料の一つとして，それらをめくりながら，確かな

根拠をもって思考しコミュニケーションすること），協働と個の往還（グループでみんなで充実した学びをしたのであれば，そこでの議論を整理・総合しつつ，その思考の道筋を個人で静かにたどり直して自分のものとすること）を重視する。

とくに，学力の３層構造を意識することと，子どもと教師がともに対象世界と向き合う関係を構築することについて，もう少し詳しく述べてみましょう。

図4–2　学力・学習の質的レベル

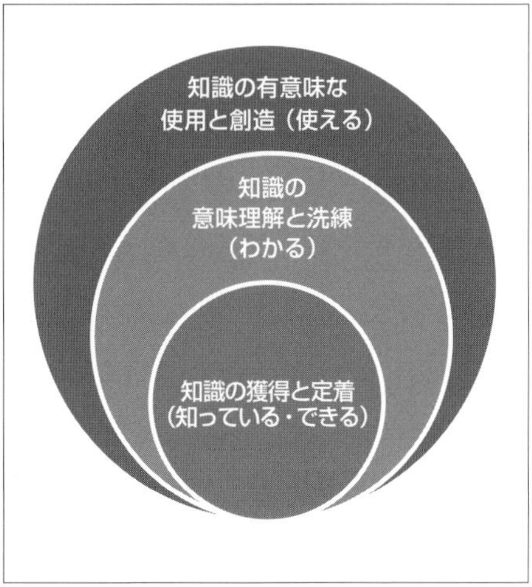

出典：石井（2020a）p. 41

4「教科する」授業を創る

「教科する」授業では，学力の３層構造を念頭に置きながら，思考する必然性を伴った「真正の学び」を軸にカリキュラムを設計し，知識，スキル，態度等の育ちを統一的に実現することをめざしています。また，末広がりの単元づくりと最適解創出型（知識構築型）の授業づくりを提起しており，それらは本質的には，「もどり」の発想と「忖度する関係」の問い直しを志向しています[42]。

たとえば，岐阜県海津市の輪中を取り上げて，「治水」概念を学んだ後，自分たちが住む広島市にも当てはまらないかを，過去と現在の航空写真などを素材にしながら考える小学校の社会科の授業。教師が教材研究で得た結論に向けて発言をつないでいき，放水路を治水事業の一例だと確認する展開だと，忖度する関係は問い直されず，「治水」概念の身近な生活への適用（転移）

で終わります。これに対し，「もどり」を意識するなら，治水により長らく水害が起きなかったのに，なぜ近年，広島市は災害に見舞われているのかという，子どもたちの足元の問題にまでつなげ，そこで社会科で学んだことを総動員したり，航空写真から読み取れることを考えたり，新たに情報や知識を収集したりしながら，教師もともに問いと向き合い，探究することで，教師や正答を忖度する関係性も再構成されていくでしょう。

「本物の活動」のプロセスを「味わう」経験を保障する（体験目標）。そのなかで，結果として，活動の骨組みとなる「資質・能力」の要素が「育成」される（到達目標）とともに，既知のなかに未知が見いだされ，問いが生まれ，「自己」と自己を取り巻く世界との「つながり」の「編み直し」が促されることで（方向目標），生活が知的なものへと再構成される。たとえば，香川大学教育学部附属高松中学校の一田幸子教諭による中学３年生の国語科の授業。「空」をテーマにそれぞれが自由に俳句を詠み自らの句についての鑑賞文を書いたうえで，グループに分かれて句会を開きます。メンバーの句について互いに鑑賞文を書き，作者のそれとも比較しながら，一番表現の広がりが感じられる作品を選びます。クラスメートそれぞれの感性にふれ，作者の思いと違う解釈が生まれそれに作者自身が感じ入る，そういった俳句の楽しみ方を味わうわけです。そのなかで，おのずと季語の使い方や表現技法の工夫についても生きて働く形で習熟していき，助詞の使い方一つでもイメージされる情景が変わることの気づきや言葉を丁寧に選ぶ経験は，生徒一人ひとりの言語生活を豊かにしていきます。

「治水」に関する社会科の授業（概念〈内容知〉の深化に関わる）が示すように，わかっているつもりは，現実世界の複雑さから，また，俳句に関する国語科の授業（実践〈方法知〉の洗練に関わる）が示すように，できているつもりは，その文化や領域の追究の厚みからゆさぶられることで，教科の知と学びは血が通ったものになっていくのです。

さらに，認知的に「高次」であることは，ただそれだけで「深い」学びであること，さらには，生き方に響くような切実性をもった「重い」学びであることを意味するわけではないという点も重要です。たとえば，地元の強みを生かした新しい町おこしのアイデアを考えるような，社会参画を含んだ，一見真正で総合的な課題にただ取り組むだけでは，他人事の問題解決になりがちです。そこでは，「使える」レベルの高次の複合的な思考過程は試されるかもしれませんが，それが必ずしも子どもたちにとって真に自分事であり，世の中を見る目や生き方を肥やしていく学びになるとは限りません。自分たちの提示したアイデアに当事者目線のリアリティや説得力があるのかを吟味したりするなかで，本音の部分で将来自分は地域とどのように関わるのかといった問いに直面し，現実の物事に対して無知や無関心であったことが自覚され，自らの立ち位置が問い直されていく。こうした足元の具体的な現実世界（生活）と抽象的な学問世界（科学）との間のダイナミックな往復のなかで，思考の深化が切実な関心事の広がりや自らの生活世界へのゆさぶりにつながることで，「使える」レベルの学習は，高次さと深さを統一し，言葉や認識に重さが伴うような「真正の学び」になっていくのです。

5　教材と深く対話するとはどういうことか

質の高い学びとは，教科の学びに取ってつけたように，スキルの指導や込み入った手法を組み込んで，目新しい学びを演出することではありません。子どもたちが教材と出会い，その世界に没入し，彼ら個人や彼らを取り巻く生活を豊かにするような，それゆえに，問いと答えの間が長く，学習指導要領で各教科等の「見方・考え方」として示された活動やプロセスがおのずと生起するような学びを，また，教材と深く対話することで，それぞれの教科の本来的な魅力や本質（ホンモノ）を経験する学びを追求していくことが肝要です。

教材に正対しそれに没入できているか，そして，各教科等の見方・考え方として例示されているような，教科として本質的なプロセスを経験できるような教材への向かい方ができているかを吟味したうえで，その経験の質や密度を高めるべく，新たな着想を得ることで視野が開けたり，異なる意見を統合して思考や活動がせり上がったりしていくための指導の手だて（枠組みの再構成やゆさぶり）が考えられる必要があります。学びが深まる経験は，グループでの創発的なコミュニケーションのなかで，さまざまな意見が縦横につながり，小さな発見や視点転換が多く生まれることでもたらされる場合もあります。また，クラス全体でもう一段深めていくような対話を組織することを通じて，なぜなのか，本当にそれでいいのだろうかと，理由を問うたり前提を問い直したりして，一つの物事を掘り下げることでもたらされる場合もあります。グループでの子ども同士の学び合いのあと，各グループからの話し合いの報告会や交流で終わるのではなく，子どもたちが気づいていない複数のグループの意見のつながりを示したり，子どもたちが見落としているポイントや論点を提示したりして，子どもたちをゆさぶる投げかけ（「まだまだ甘いね」とつっこみ，教育的に挑発する）をすることを日々意識するとよいでしょう。教材をめぐって教師と子どもがともに真理を追求し，子どもたちが先行研究者としての教師に挑むような関係性こそ，教師と子どもたちが競る関係（ナナメの関係）の核心です。

さらに，思考の密度（中身の詰まり具合）については，子どもたちが，ただ想像し推理するのではなく，十分な質と量の知識を伴って，すなわち，確かな思考の材料と根拠をもって推論することを保障するのが重要です。教科書でわかりやすく教える授業を超えて，教科書をも資料の一つとしながら学ぶ構造を構築したうえで，複数の資料を机に広げ，ページをめくり，思考の材料を子ども自身が資料やネットなどから引き出しつなげていくこと（知識の吸い上げ）を促すことで，学習者主体で学びの質を追求しつつ，知識の量や広がりも担保できるでしょう。

最後に改めて，学びの深さ以前に，教材自体の深さを吟味する必要性を指摘しておきたいと思います。「深い学び」というとき，浅く貧弱な教材に対して，無理やりプロセスを複雑にして考えさせる授業になっていないでしょうか。教材それ自体の文化的価値が高く，内容に深みがあればこそ，その真価をつかむためにはともに知恵を出し合わざるをえず，協働的な学びや深い学びが要求されるのです。

6 「真正の学び」と教師の仕事の不易と矜持《きょうじ》

ここまでで述べてきたことは，良心的な日本の教師たちが大事にしてきた授業づくりの当たり前であることに気づくでしょう。目新しい手法を用いた学び合い，１人１台タブレットなど，見た目にスマートな未来型な授業が耳目を集めがちですが，長い目で見たときに，それが子どもたちの人間の根っこの部分の成長をもたらすものとなるかどうか，それに取り組むことが教師自身の成長につながる契機を含んでいるかどうかが問われなければなりません。授業はイベントではなく，教材を介して子どもと教師がともに学び合い，時に競り合う関係性の下で営まれる文化的な生活であり，その経験やつながりの日常性ゆえにじわじわと人を育てうるのです。学校や授業の当たり前をやめて棚卸しすることが叫ばれ，授業とは何かがゆれている今だからこそ，授業という営みとそこでの学びの本質的特徴に立ち戻って，その不易を確認することが大切です。

「真正の学び」を追求することは，「まねび」（徒弟的に師の背中からまるごとを盗み学ぼうとすること）のエッセンスを，「教える」（体系化された知や文化を計画的に分かち伝える）ことを制度化した学校において蘇生させることを意味しています。しかし，制度化された空間で，限られた時間内で，すべての子どもたちに一定の認識や能力なりを保障していくことを任務とする学校教育においては，ただホンモノを子どもたちに突きつけるだけも，子どもの自由にゆだねるだけも基本的には許されず，何らかの形で目的意識的に教えることや学びへの技術的介入を伴います。たとえば，学ぶか学ばないかを子どもの責任に丸投げしないからこそ，教材の選定において，子どもの関心や特性などを考慮しながら，その心をくすぐるような角度をもった問いをデザインしていると思います。また，教材と出会いそこに没入させていくために，計画立案において，あるいは，瞬間的なやりとりにおいて，なんらかの意図をもった働きかけがあるようにも思いますし，教材の内容をちゃんと受け止められるためには，背景知識や考え方等について足場かけが必要でしょう。そして，ホンモノに近づけば近づくほど，教材と子どもたちが直接的に対話し没入するようになり，こうした技術性は弱まっていきます。

授業とは学びへの導入であり，教養は，その人が何に関心をもっているのか，その幅や切実さの程度に表れるものです。子どもたちのなかで，自己，および，自己と社会とのつながりがゆさぶられ，切実な関心の範囲が広がり，問いが生まれるなど，授業が学び（追究）への導入となることが重要であり，授業の成果はそうした授業外での子どもたちの姿において確かめられるものでしょう。若者の受け身や主体性のなさが問題視されていますが，それは，学校でも学校外でも，幼少期から，玩具は玩具として与えられ，想像力を働かせてモノを玩具化するような，見立てる活動もないといった具合に，効率的に合理化された環境下で，保護者や教師やパッケージの明示的・暗示的指示に動かされ続けてきたことに起因していると考えます。そうしたシステム化に慣れた子どもたちのアンラーン（学びほぐし）において，ノイズや偶発性やわりきれなさや泥臭さを本質とするホンモノの活動への参画やそこでのさまざまな人との出会いは大きな意味をもちます。

ただ，そうした泥臭さや割り切れなさは，子どもたちにとっては，わずらわしいもの，ダサいものと受け取られるかもしれないし，自分の当たり前や枠に収まらない異質なものとの出会いに対して，それらを低くみたり，逆にすねたりして，かたくなに自分の理解可能な価値観の殻に閉じこもることもあるかもしれません。社会的・経済的格差が拡大し，教育の市場化も進むなか，似たような家庭環境や考え方をもつ者同士が集まり，見えている世の中の現実や風景，それによって形づくられるものの考え方や価値観においても分極化が進み，相互理解が難しいほどに社会的分断が進みつつあります。そして，そうした視野狭窄《きょうさく》は，個々人のもともとある志向性に応じて，情報やサービスを提示してくるスマートなデジタル空間においてさらに強化されがちです。

「真正の学び」の追求は，現実世界への認識と関心をゆさぶる，上述の意味での「教養」につながる学びを志向することであり，子どもたちが教師と競ることによる教室の権力関係の編み直しを志向する点で，教科の学びにおける「自治」の追求を意味します。教養と自治の統合として，とくに高校における授業改善は試みられる必要があるでしょう。

「深い学び」が，当事者性が問われる「重い学び」でもあること，それが「真正の学び」の本来的な意味であろうと思っています。生き方に響く教科や総合での重い学びの可能性の追求。そうした「真正の学び」は，エリート主義的な高度な思考を求める難問（高次さ）の追求ではなく，学びの意義や切実性を高め，地に足の着いた認識を形成することを追求するものであり，それはすべての子どもたち，むしろしんどい状況に置かれた子どもたちの学びを保障するものです。

そうした重さと迫力のある授業は，つまるところ教師の借り物でない想いや信念が生み出すものであり，それが授業における子どもたちとの対話の角度や子どもの思考の吟味の厳しさとゆさぶりの深さを生み出します。教え方を工夫する前に，目の前の子どもたちに伝えたいもの，育てたいことを教師はもてているでしょうか。子どもたちへのねがいをもつからこそ，失望もあればその成長に手応えも感じることもできるのです。ただ何かができるようになったのとは違う，人間的成長に立ち会うことの手応えや歓び。そして，少しでもいい仕事をするために学ぼうとする教師の姿，ゆらぎや問いを引き受ける哲学性を帯びた仕事をしている教師の姿が，子どもたちを感化し，学ぶことを楽しむ子ども，自らの軸を問う凛々《りり》しい子どもを育てる。こうして，深く理解することで思想にまで昇華した知識，自らの血肉となった存在論的知識を保障する。これらは，学校教育の可能性であり，そこにおいて追求したい仕事なのではないでしょうか。

第１章でも名前を挙げた，近代教育学の祖，ヘルバルトは，人格形成につながるような知育のあり方を「訓育的教授」という言葉で表現しました（吉本，1995）。「真正の学び」や「教科する」授業の提案は，筆者なりの現代版「訓育的教授」の提案でもあるのです。

第5章

「日本の学校」の新しい形へ

知育の協働化と徳育の個性化による
「どの子も見捨てない，みんなが輝く学校づくり」

コロナ前夜から，学校の閉鎖性やそこでの生きづらさが問題視されてきましたが，コロナ禍のなかで改めて一斉一律や悪平等に対して疑問が投げかけられています。こうして，共同体としての日本の学校や学級のあり方を根本から問い直し，個別最適化をはじめ，先端技術も活用しながら，学びにおける自由を拡大し，一人ひとりを生かす履修システムを構築していこうという動きが活発化しています。そしてそれは，義務教育制度の性格規定にも関わる，履修主義と修得主義の問題において集約的に議論されています。

本章では，教育課程の履修原理と義務教育の制度構想について述べ，個別化・個性化教育をめぐる論争点も整理しながら，日本の共同体としての学校のよさを生かしつつ，真に一人ひとりを生かす履修システムをどう構築し，「未来の学校」のヴィジョンをどう描いていけばよいのかについて論じます。

1　教育課程の履修原理 ―― 履修主義と修得主義

まず，履修主義と修得主義，および年齢主義と課程主義という概念の意味，そしてその背景にある教育的な立場性については，表5-1にまとめた通りです[43]。履修主義と修得主義とは，何をもって当該の教育課程を履修したと判断するかという，履修原理に関わる概念です。履修原理と連動しますが，進級や卒業の要件に関わる進級原理について議論する際には，年齢主義と課程主義という概念が用いられます。

履修主義や年齢主義は，所定の教育課程を一定年限の間履修することを求めはしますが，履修の結果や成果は厳格には求められません。他方，修得主義や課程主義は，所定の課程を履修するだけでなく，目標に関して一定の成果を上げることが求められ，原級留置（留年）もありえます。

年齢主義は，学級など，共同体としての学校で生活し学ぶことを通した社会性・人格の形成等に着目するものであり，児童労働から子どもを保護した工場法を契機とするイギリスの義務教育制度に起源をもつとされます。そし

表5-1 教育課程の履修原理——履修主義と修得主義

		履修主義・年齢主義	修得主義・課程主義
履修原理		履修主義：所定の教育課程を，その能力（または心身の状況）に応じて，一定年限の間，履修すればよい	修得主義：所定の課程を履修して，目標に関して一定の成果を上げることが求められる
進級（卒業）原理		年数（年齢）主義（social promotion）：卒業要件として一定年限の在学を要求し，grade は，「在学年数（学年）」を意味する	課程主義（merit promotion）：卒業要件として一定の課程の修了を要求し，grade は，「教材習得の段階（等級）」を意味する。原級留置（留年）もありうる
学校の中心的な役割		●社会性・人格の形成，全面発達（多元的価値），保護（ケア）・社会的包摂機能 ●共同体としての生活集団を軸とした機関	●知識・技能の獲得，知的発達（一元的価値），能力向上・水準保障機能 ●機能的で学習集団を軸とした機関
カリキュラム論上の立場	義務教育制度成立期	●経験主義（子どものニーズに準拠）との親和性 ●方向目標と相対評価や個人内評価（構造化されていないカリキュラム） ●同じ年齢集団で（個々の子どものニーズに合わせて異なる内容や進級基準もありうる）	●系統主義（目標・内容に準拠）との親和性 ●到達目標と目標準拠評価（構造化されたカリキュラム） ●同じ内容を（内容の習熟度に合わせて異なる年齢の子どもたちが集まることもありうる）
	現代	系統主義の学力保障と平等化の側面との親和性	経験主義の個性尊重と自由化の側面との親和性

（筆者作成）

て，同じ年齢集団で，という縛りがあるだけで，目標・内容の縛りがゆるいので，子どものニーズや自発性に沿って目標やカリキュラムに柔軟性をもたせる余地があり，もともとは経験主義の教育と親和性がありました。

他方，課程主義は，知識・技能の確かな習得を重視するものであり，国家にとって有為な人材の育成や国民形成を目的としたドイツの義務教育制度に起源をもつとされます。そして，目標・内容の違いによって集団も編制され，構造化・系統化されたカリキュラムを必要とするために，もともとは系統主義の教育と親和性がありました。

しかし，後述するように，義務教育制度が確立してくると，年齢主義や課程主義と教育理念との関係はねじれてきます。年齢主義と課程主義のどちらに軸足を置くかの違いは依然として存在するにしても，同じ年齢集団で，同じ内容を一斉に学んでいくという形態が多くの国で常態化し，教育水準もある程度均等に実現されてくることで，学校システムの画一性や硬直性に対して，教育を個性化・自由化していこうという主張がなされるようになりました。その結果，近年，とくに日本において，修得主義や課程主義は，学校の知識習得機能を効率化・スリム化し，その分，学校内外で体験的な学びを実現することに時間を割いたり，個性尊重の名の下に学級の枠を柔軟化したりすることをめざす，経験主義的な主張と結び付くようになっています。他方，そうした自由化が市場化と結び付き，学習のドリル化や個別化，学力格差拡大につながることへの危惧を背景に，履修主義や年齢主義は，学校の共同体的側面や学力保障などの平等主義を重視する，系統主義的な主張と結び付くようになっています。

2　履修主義・年齢主義と修得主義・課程主義をめぐる歴史的展開

ここで，履修主義・年齢主義と修得主義・課程主義をめぐる歴史的な展開を確認しておきましょう[44]。それは，義務教育の基本的な性格の転換点を描き出す作業でもあります。義務教育制度の一般的な展開を意識しながら，基本的には，日本の義務教育制度の歴史に即してまとめます。

(1) 義務教育制度の草創期

義務教育制度の草創期，明治初期の1870年代から1880年代までは，就学率も低く，就学者の年齢も知識の獲得具合もさまざまでした。そして，学校で教えられる内容も，読み書き計算など最低限のもので，産業化や国民国家形成の要請，すなわち，近代化を担う人材養成が目的として強く意識されていました。そのような状況のなかで，学校は，そろばんや習字や水泳などの習い事のように，昇級，昇段していく「等級制」[45]であって，進級における徹底した課程主義がとられており，学級という集団も成立していませんでした。

(2) 義務教育制度の確立と大衆化

その後，義務教育制度が確立され大衆化していくにつれて，義務教育制度は等級制から現在のような学年学級制に移行していきます。日本でいうと，

1891年11月に「学級編制等ニ関スル規則」が出されるなど，教育勅語の発布される1890年前後に成立していきました。就学率の上昇とともに多くの子どもたちが学校に包摂されるようになり，進級レベルごとの授業（等級），一人の教員が同一の教室で異なる等級の子どもたちに授業を行う複式授業（合級）を経て，「学級」という「組」を組織して授業する形が成立しはじめます。そして，それが学年制と結び付いて，日本では20世紀初頭には，同一年齢（学年）の子どもたち（同級生）が一緒に学ぶ現在のような学年別学級が一般化するようになりました（「学級」の誕生）。

学年学級制の成立は，学校の機能の拡大とパラレルに展開しました。教育が大衆化し学校制度が整えられるなかで，カリキュラムの内容も拡張・体系化され，とくに，日本においては，国家主義的な徳育重視の教育政策の展開が，等級制から学級制への転換を後押ししました。

また，日本では，ムラ社会に組み入れられていた子どもを学校に就学させるべく，村落共同体の習俗の延長線上に集団活動や行事や儀式などの学校生活が形づくられていったこともあり，日本の学校の共同体としての性格は強く，学級はその中軸を担ってきました。そこから，子ども中心や経験主義や個性尊重の立場に立つさまざまな教育を生み出した大正自由教育期には，もともと国家主義的教化[46]や教育の効率化の手段として導入された学級を，子どもの生存権と学習権を保障する装置として，協働自治の社会関係づくりを学んだりする，教育的な人間形成の場として生かしていく発想も生まれました[47]。

等級制による課程主義から学年学級制による年齢主義への移行は，等級制，およびそれと不可分の進級試験への批判も背景にありました。留年，学校からのドロップアウトの多発，能力主義的・選別的で，進級した子と落第した子が入り交じった不安定な児童集団の問題などがあり，年齢主義への移行は，「試験」から平素の学習状況の観察・記述を重視する「考査」へという評価改革も伴っていました。なお，20世紀初頭の米国では，一斉進級（課程主義と進級試験を前提とした学年制）と一斉授業に対する批判意識から，進歩主義教育運動と結び付いた個別化・個性化改革（落第を減らすために能力の個人差やニーズに応じて学習内容と進級水準を個別化し，また，子どもの自発性に由来する全人的で個性的なニーズに進級基準を求めるもの）として，年齢主義が提起されたことは興味深い点です（宮本，2005）。

こうして，学年学級制と年齢主義が一般化していくと，「学年（grade）」は在学年数や年齢という意味を超えて，その年齢に相応の内容水準という課程主義的な意味ももつようになります。その結果，同じ年齢集団で，同じ内容を一斉に学んでいくことをめぐって，画一的一斉授業に個別化・個性化を対置し批判する論調も生まれてくることになります。それと同時に，もともと能力主義的・選別主義的な意味合いの強い課程主義を，すべての子どもたちに一定水準の学力を確実に身につけさせていくという，平等主義と学力保障の理念の文脈に位置付けて解釈する考え方も生まれてくることになりました[48]。もともと修得主義という言葉は，課程主義に学力保障の理念が加味される形で誕生してきたのであって，自由に学習を進めていくことよりも，どの子も落ちこぼさず一定の学力を共通に保障していくことを大切にするために提起されたのです（続，1973）。

(3) 学校制度の量から質への重点移行

日本でいうと，高校進学率が90％を超えておおよそ横ばいになる1970年代半ばに始まり，2000年代に顕在化する形で，成熟社会や後期近代とも呼ばれる社会状況が生まれてきました。義務教育に加えて高校教育も普及し，高等教育もマス化，ユニバーサル化するなかで，一定水準の（学校歴[49]とは異なる）学歴のみならず，より高くより良くより早くといった教育の質への私的・社会的要求が高まり続けています。その結果，学校の制度枠組みとしてはある程度飽和したなかで，学校外にも広がる教育熱に応える民間サービス（学校外の学びの場の学校化を伴う）も拡大し，経済格差や教育機会の差を背景にもった子どもたちの学力差が教室において拡大してきました。また，経済至上主義的価値観の拡大のなかで，学校をサービス機関としてみる見方も一般化し，保護者の教育熱はバブル的様相を呈し，教育機会に関わる量的・質的な不満感が高まっています。他方，社会の多様化が進み，画一的・同調主義的な学校文化の抑圧的性格が顕在化するようになりました。

こうした状況のなかで，「一人一人に応じた教育」というスローガンが人々の心をつかむようになり，1990年代以降，自由化，多様化，個性化に向けた改革が，形を変えて繰り返されてきました。1950年代末から1960年代に展開した学問中心カリキュラムへの批判から生まれた，1970年代の教育の人間化やオープン・スクール運動の高まりも背景にしながら，1970年代半ばから90年代にかけて，後述する愛知県東浦町立緒川小学校の実践など，個別化・個性化教育の実践は日本においても展開しました。一方で，政策的には，新自由主義的な流れともつながりながら，教育の規制緩和を推進する動きが強まり，1980年代に臨時教育審議会が提起した「個性尊重」論や1989年版学習指導要領が示した自己教育力重視の「新しい学力観」，1995年4月に経済同友会が発表した「合校」論など，教育の自由化・スリム化路線をめぐって，さらに，2000年前後の学力低下論争を受けての習熟度別指導などをめぐって議論が展開し[50]，そのたびに履修主義と修得主義の問題も議論されてきました。

そして現在，AIを用いた個別最適化という技術の進歩も追い風に，また，自由ゆえに多様性に富むオランダの教育をイエナプラン[51]で代表させてそれを理想化する形で，教育の自由化と個別化・個性化教育をめざす動きが活発化しています。第2章で経済産業省の「未来の教室」構想の検討を通して示したように，それは，子どもたちの学びをより支援できる可能性もあれば，学びの土台を掘り崩す危うさももっています。

現在，学校の機能と役割は，次ページの表5-2に示したように，「人材養成機関（訓練的社会化）としての学校」と「居場所（福祉的ケア）としての学校」の両極に分断されつつあるように思います。市場化と多様性の包摂との

表5-2　学校像の現代的構図

人材養成機関としての学校（訓練的社会化）	学習権保障の場としての学校（教育的人間形成）	居場所としての学校（福祉的ケア）
●平等に保障されるべき権利事項ではなくサービスとしての知識・技能の提供の個別最適化	●人権事項としての学力・学習（ケイパビリティ）の保障 ●教科学習を通した人間的成長（訓育的教授）への志向性	●最低限度の生活と存在の承認と生存権に関わるセーフティーネット
●市場化された学校	●知性と公共性の砦としての学校	●多様性を包摂する学校
●学校の共同性は，社会的スキル育成の手段としてより即時化・機能化される	●文化的実践を軸にした学びと暮らしの共同体を志向し，知的学習における共同性や認識の深さを追求する	●学校の共同性は，学習との結び付きを解除されて居場所化される

（筆者作成）

間で，一見対立しているように見えて，両者ともに，自由化志向の課程主義（共通目標の最低限の保障という平等意識の緩和と目標・成果の個別化・多様化），および学級制の柔軟化（能力別や異年齢の編制に対する寛容さ）と親和的です。また，両者ともに，学校の機能として，知的学習における共同性や認識の深さの追求や，成長保障，発達保障につながる学習権保障への志向性を弱めがちです（学校の知育や全人教育からの撤退）。そして，学びや学力の保障，および知育に必ずしもこだわらずに，社会化機能や保護機能において学校の意義を見いだす傾向は，コロナ禍のなかでさらに強まっているように思います。自由化と平等性，多様化と共通性，個性化と共同性とのジレンマのなかで，履修主義・年齢主義と修得主義・課程主義の新たな形の模索が求められています。

3　個別化・個性化をめぐる論点と学級制を考えるうえでの視点

ここで，現在の履修主義と修得主義をめぐる議論と密接に関わっている，教育の個別化・個性化について，基本的な論点やこれまでの議論の蓄積を確認しておきましょう[52]。

(1) 教育の個別化・個性化をめぐる論点

まず2つのことを確認しておきたいと思います。ひとつは，目標の個別化・

個性化と方法の個別化・個性化とを区別して論じるべきということです。もうひとつは，教育の個別化と個性化とを区別して論じるべきという点です。

目標の個別化・個性化と方法の個別化・個性化との区別

個別化・個性化というと，自由進度学習など（目標の個別化・個性化）を思い浮かべがちですが，そうやって目標自体を一人ひとりで変えてしまうと，格差の拡大が懸念されるところです。しかし，目標は共通にして，そこにいたる方法を一人ひとりの子どもに合わせたものにすることも考えられます（方法の個別化・個性化）。一人ひとりに応じた教育という場合，実際にはどのレベルでの個別化・個性化を求めているのかを丁寧に腑分《ふわ》けして議論せねばなりません。

教育の個別化と個性化との区別

表 5-3 に整理したように，教育の「個別化」とは，教育内容や学習進度や進級水準の能力に応じた多様化を指します。それは学習にかかる時間の差（量

表5-3　教育の個別化と個性化の志向性の違い

	個別化	個性化
基本的な方向性	●教育内容や学習進度や進級水準の能力に応じた多様化 ●「指導の個別化」（子どもの個性〈適性〉に応じて学習方法の最適化を図ることで，教科の学習内容の中で習得させたい知識・技能の確実な定着をめざす）	●一人ひとり（individual）の内的なニーズや自発性に応じた多様化 ●「学習の個性化」（子どもの興味・関心を生かしながら，教科の目標に迫るような思考・判断や認識を深めたり，社会の中で自己を生かせるような「生きる力」を高め，個性を育てたりしようとする）
個人差の捉え方	●学習にかかる時間の差（量的差異）	●興味･関心や学習スタイルなどの差（質的差異）
教育形態・システムレベル	●既存の内容パッケージの量や水準の違い ●能力別学級編制（同一性），自由進度学習	●その子に応じた内容自体の組み替え ●同年齢集団，異年齢集団等の多様な集団編制（複数性），自由テーマ学習
指導法レベル	●学習進度や学習到達度に応じて個別指導を行う	●その子に応じて教授法や学習活動や表現方法を工夫する
評価とカリキュラムのあり方	●知能や学業成績等の一元的尺度 ●（量的に進める直線的）プログラム学習と目標準拠評価	●多重知能や個性（持ち味や強み）等の多元的尺度 ●（質的に深める多面的な）プロジェクト学習と個人内評価
発展学習の形態	●早修（acceleration）（より早く進む）	●拡充（enrichment）（より深く広く学ぶ）

（筆者作成）

的差異）で個人差を捉え，能力別学級編制（同一性），自由進度学習と結び付きがちです。また，知能や学業成績等の一元的尺度に基づいて量的に学習を進める，直線的なプログラム学習と目標準拠評価として具体化されます。そして，発展的学習は，先取り学習としての「早修（acceleration）」として実施されがちです。

一方，教育の「個性化」とは，一人ひとり（individual）の内的なニーズや自発性に応じた多様化を指します。それは，興味・関心や学習スタイルなどの差（質的差異）として個人差を捉え，同年齢集団，異年齢集団等の多様な集団編制（複数性），自由テーマ学習と結び付きがちです。また，「多重知能」や個性（持ち味や強み）等の多元的尺度に基づいて質的に深める，多面的なプロジェクト学習と個人内評価として具体化されます。そして，発展的学習は，習得した内容をより深く広く学び直す「拡充（enrichment）」として実施されがちです。

ここで整理した個別化と個性化の区別は，同じく「個別化・個性化」という言葉で推進される取り組みのなかに存在する方向性の違いを見極めるためのものであって，実際には，個別化と個性化の理念と方法は密接に絡み合って展開します。たとえば，個性化の理念の下で，能力別学級編制や能力別指導ではなく，異年齢学級編制に強調点が置かれるなら，自由進度学習も，飛び級などの課程主義を徹底しすぎないところで，ほどほどのところで限定的に運用され，学び合いを促す可能性があります。逆に，個別化の理念の下では，拡充も，他者に教えることでわかっていたつもりがゆさぶられ理解を深めるといった方向性（水平的価値の追求）よりも，同じ内容に関するさらに高度な発展問題を解く方向性（垂直的価値の追求）で運用され，格差や教室内の分断を広げるかもしれません。

個別化・個性化に対しては，個人差（差異）の尊重が，結果として，個性の伸長ではなく格差の拡大につながりがちな点が，教育社会学の研究において繰り返し指摘されてきました[53]。とくに，日本においては，偏差値や学歴はもちろん，所属する企業や出身校の名前や肩書などで序列化されてきた社会状況（タテ社会とメンバーシップ社会が生み出す階層性と序列の固定化）をセットで問題にしない限りは，子どもの個性や学校の特色は，結局のところある序列のなかでの位置取りに回収され，教育の多様化は，ソフトな社会的な振り分けと序列化に容易につながります。そうした危惧をふまえるなら，共通の目標の保障は容易に緩めないで，他方で，そこに至る方法は子ども一人ひとりに応じて個別化・個性化されることが重視されるべきでしょう。また，目標を共通化することは，目標の個別化とは両立しませんが，目標の個性化とは統合可能で，一定水準の目標（垂直的価値）の保障で見落とされがちな，その子なりのイメージやわかり方や意味づけといった，目標実現の個性的様態（水平的価値）を質的に見取ることは重要です。

教育の個別化・個性化をめぐる単純な二項対立に陥らないために

教育の個別化・個性化については，単純な二項対立に陥らないために，さらに以下のような論点を念頭において考えていく必要があります。

- 個別化・個性化と協働性との関係（個別化すれば個性化したことになるのか？　逆に協働のなかでこそ個性が生きるのではないか？）
- 集団での学びの多様な形（画一的な一斉授業？　学びをみんなで練り上げる授業？　グループでの協働的な学び？　場を共有しながらの個別作業の協同化？）
- 個に応じた指導の多様な形（能力に応じて個別に分けること？　同じ場でともに学べるようインクルーシブな場をつくること？）
- 制度レベルと実践レベルとの区別（進級原理としては既存の年齢主義をベースに，履修原理として修得主義を強めることにとどめるのか？　進級基準にまでふみこむのか？）

(2) 教育の個別化・個性化に関する議論の蓄積

上記の論点を念頭に置きながら，教育の個別化・個性化に関する議論の蓄積を確認しておきましょう。

学力低下と習熟度別指導をめぐる論争からの教訓

まず，2000年代初頭の学力低下や習熟度別指導をめぐる論争を見直してみると，下記のような知見を確認することができます。

1つめは，PISA2000において，質（quality）と平等（equality）の相補性が実証的に提起されたことです。平等主義的な教育政策を採ってきたフィンランドは，PISAの成績の国際順位が高いだけでなく，学力低位層も少なく格差も小さかったのです。これに対して，中等教育以降に進学準備や職業教育など3種類の学校に分かれる複線型の学校体系（3分岐システム）を続けてきたドイツは，成績が振るわずPISAショックが起きました。ここから，学力の底上げや平等性を追求しながら卓越性や質も担保されることが示唆されました[54]。

2つめに，習熟度別指導をめぐる論争のなかで，能力別の学級編制や指導（トラッキング〈tracking〉）の学力向上への効果の薄さと格差拡大への危惧が示されるとともに，協働的な学びの効果が強調されました（佐藤，2004）[55]。トラッキングの問題点には，習熟度別指導の推進者も自覚的であり，少人数指導・習熟度別指導を導入する際の留意点として，用具教科に限定した習熟度別指導の運用，ドリル学習（プリント学習）ベースの個別化による学校の塾化への危惧，スキル（基礎）とコンテクスト（応用）の分離の誤り，個別化・個性化の多様な形への自覚，日本の教師の強みである「話し合い活動」や集団思考（学び合い，響き合い，練り上げ）を学級集団にとらわれない形で生かす必要性，といった点が示されました（加藤，2004）。

上記のような，OECDのPISAの論調，および習熟度別指導への慎重論の背景には，学習科学の進展があります。すでに本書でも何度かその成果に言及してきたように，学習過程に関する科学的研究において，理解（understanding）に焦点化した真正（authentic）で協働的（collaborative）な学びの有効性が実証されてきました（ダーリング－ハモンド，2017）。

個別化・個性化教育としての「才能教育」研究の展開

また，個別化・個性化教育としての「才能教育（gifted and talented education）」の展開をみてみると，インクルーシブ教育との接近，および，早修よりも拡充を重視する傾向を読み取ることができます（岩永・松村，2010）[56]。

第一に，表5-4のように，才能教育の提唱者は，教育の自由化・多様化（個性に応じた教育内容・方法の組み替え）とエリート教育とを区別しつつ，新自由主義（市場化による脱学校）との違いも明確にしようとしています[57]。第二に，近年の個別化・個性化教育では，英才学級の設置や飛び級といった，システムレベルの処遇よりも，指導レベルの方法論の定式化に取り組みの重点がシフトしてきています。たとえば，一人ひとりのレディネスや学習プロフィールに合わせて内容，学び方，成果の表現方法等を質的にカスタマイズする「学

表5-4 才能教育とエリート教育の対照表

	早修（アクセラレーション）	拡充（エンリッチメント）	エリート教育
目的	●専門的能力の早期発見と早期開発 ●学校不適応者救済 ●有力大学経営戦略	●教育水準の全社会的向上 ●マイノリティの支援 ●教育地域格差解消	●社会的指導層の育成 ●上層階層文化の維持伝達
主体	●有力大学，非営利団体 ●個人，親，スポンサー企業	●州，郡，市，連邦 ●知事学校，マグネット校等	●プレップスクール ●有名カレッジ
選抜基準	●年齢集団の1%以下 ●非常に高いIQが基準だがあまり重視しない ●数学中心（含英語） ●SAT，ACT等早期受験	●年齢集団の10～30% ●IQ120～程度だが重視する ●全分野（含芸術等） ●教師，親，級友の推薦	●独自の試験や面接等による，時として主観的な選抜 ●家庭背景を重視
形態と方法	●サマー·スクール，課外クラス，大学の才能児プログラム ●既存の上級教材の早期提供，短期間習得 アドバンスト・プレースメント	●プル・アウト，特別学校 ●深化した総合的カリキュラム，独自の教材	●全寮制による伝統的全人教育 ●外国語を重視した古典的教養カリキュラム
特徴	●飛び級や早期大学入学 ●個人負担大きい ●大都市部に偏在 ●才能教育全体の1割程度	●飛び級や早期入学しない ●公的に補助される ●地域指向，マイノリティ指向が強い ●才能教育全体の9割程度	●原則的に飛び級や早期入学はない ●経済的あるいは伝統的文化的な参入障壁高い ●マイノリティは少ない

出典：岩永・松村（2010）p. 83

びの差異化（differentiation）」（「個別化（individualization）」とは概念的に区別されている）は，そうした動向を代表するものです（トムリンソン，2017）。第三に，近年の才能教育においては，図5-1のようなイメージで，「早修」よりも「拡充」が重視されています。

子どもたちの学びは，多かれ少なかれ回り道しながら螺旋的に高まっていきます。同じことを繰り返しているように見えても，その過程で小さな納得や思考を積み重ねながら子どもたちは学んでおり，少しずつ，あるいは時には飛躍的に高まったりもするのです。早修は，その回り道を最小化して，最短距離で山を登っていくようなイメージです。これに対して，拡充というのは，より大きな回り道を通して，内容を深く豊かに学び，その分，底面の広い，知識の幅と思考力をもった学びを志向していくものです。

そうした拡充の学びは，多重知能理論，プロジェクト学習，ポートフォリオに基づく真正の評価という形で具体化されています（松村，2003）。認知科学研究をリードしてきたガードナー（Gardner, H.）が1983年に提起した，「多重知能（multiple intelligence：MI）」理論は，人間の知能（文化的に価値のある問

図5-1　才能教育と通常教育の螺旋イメージ

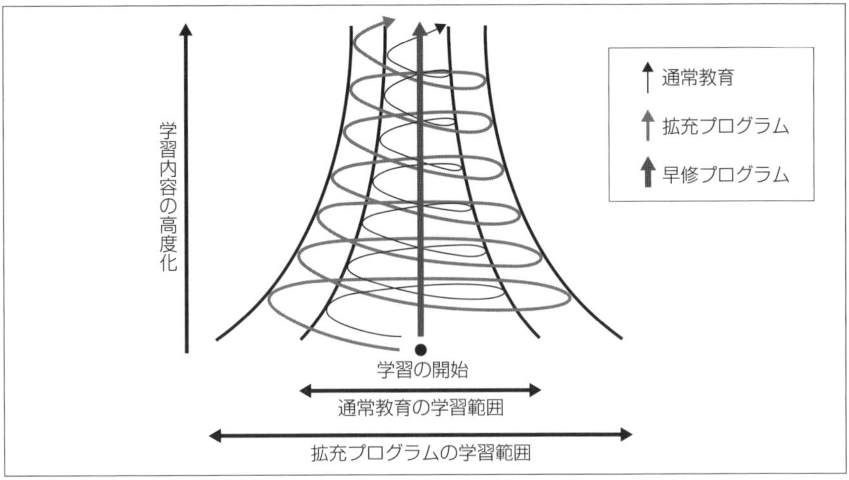

出典：岩永・松村（2010）p. 84

題解決や創造の能力）を，①言語的知能，②論理数学的知能，③音楽的知能，④身体運動的知能，⑤空間的知能，⑥対人的知能，⑦内省的知能，⑧博物的知能の８つ（霊的知能や実存的知能も追加しうる候補）で構成されると捉えました（ガードナー，2001）。MI 理論は，言語的，論理数学的能力に傾斜した IQ では測れない，美的，身体的，社会的な能力の価値にも光を当てるもので，芸術家やスポーツ選手も，科学者とは別の形で高い「知能」をもつということになり，子どもの多様な特性や持ち味や可能性を評価する基盤となりました。人はだれでも８つの知能をもっていますが，その組み合わせ方，得意な分野と苦手な分野が異なり，８つの知能それぞれの発達の程度とそれらの組み合わせによって，一人ひとりの学び手の個性的なプロフィールが生まれます。

こうして拡充の学びでは，教科において８つの知能を意識した活動が取り入れられたり，「熱帯雨林」や「川の生命」などの主題を軸に，それぞれの子どもたちの強みを発揮できる形で役割を分担しながら学びやすい，プロジェクト型の学習が採用されたりします。枠付けがゆるやかなプロジェクトに長期的に取り組んだりしながら，異なる活動ができるテーブルあるいは仕切ったコーナー（学習センター）に学習材料を準備し，教科に関するそれぞれの興味・関心や能力に応じた，あるいは，MI を意識した活動が適宜提供されたりします。そうした個々人において多様性のある学びの履歴（言語的に書き記したものに限らず，音声の形で，ビジュアルに，あるいは身体表現の動画なども含めた，学びの記録や作品など）を，ポートフォリオとして蓄積し，学びの成果の発表の機会も設定しながら，それぞれの子どもの強みを発見しつつ，その育ちを，教師と子ども，あるいは保護者との間で共有していくわけです。

さらに，一部の子どもたちのための特別な教育プログラムの提供にとどまらず，教師の専門チームを中心にした，保護者も含めた，学校ぐるみの指導体制を確立したり，通常学級以外に，子どもの興味や学習ニーズに応じた多様な学びの場所や集団を設定したり，カリキュラムをより柔軟化したりして，拡充を軸にした才能教育をどの学校でも展開していくことがめざされています（レンズーリ，2001)。このように，学校ぐるみの拡充により全体が高まりつつ一人ひとりも生かされ高められていく，いわば学びの質の追求によるインクルーシブな学校づくりへの志向性がみてとれます。

(3) 日本における個別化・個性化と異学年交流の実践的取り組みの蓄積

教育の個別化・個性化と学年学級制の問い直しに関わって，学級のつながりをより個性化したり，異年齢集団を形成するなど，（学年）学級以外の柔軟なつながりを形成したりする，日本における実験的で挑戦的な取り組みから学ぶことも重要でしょう。

緒川小学校の個別化・個性化教育からの展開

個別化・個性化教育の先駆的な存在である愛知県知多郡東浦町立緒川小学校では，図 5-2 のように，「指導の個別化」（学習内容・学習方法を原則的に教師が決定し，子どもの学力差に対応しながら，どの子にも基礎・基本の力の定着を図る）と「学習の個性化」（学習内容も学習方法もできる限り子どもに返し，子どもの興味・関心を生かしながら，子どもの持ち味を伸ばしていく）のバランスの上に，カリキュラムが構想されています[58]。

図5-2　緒川小学校のカリキュラム

学習活動	教師 ／ 子ども					
	教科 ／ 総合					
	指導の個別化 ／ 学習の個性化					
学習の態様	はげみ学習	集団学習	週間プログラムによる学習	総合学習	O・T	集団活動（創造）
評価	個のみとり					

出典：久野・愛知県東浦町立緒川小学校（2008）p. 4

たとえば，「指導の個別化」を代表する「はげみ学習」は，全校体制で，国語科と算数科の基礎・基本の定着を図るもので，自分の進度に応じて検定（小テスト）に取り組み，学年にとらわれずに６年間を通じてステップを積み上げていきます。その際，下の学年の学習内容からなかなか次に進めない子どもたちのために，教師全員によるティーム・ティーチングで，個別指導なども行っています。また，３年生以上が対象の，「週間プログラムによる学習」（「週プロ」）は，学習内容が明確で自己チェックしやすい単元について，学習計画を子どもたちが立案し，それに沿って個別学習を進めるものです。得意な算数科は短時間で済ませて，苦手な国語科に時間をかけるといった具合に，柔軟な計画が立てられるよう，原則として複数教科を組み合わせます。完全に子ども任せというわけではなく，モデルとなるコースを教師のほうでいくつか設定したり，コースごとに「学習のてびき」（学習目標，標準時間数，学習の流れ，参考資料などをまとめたもの）を子どもたちに渡して支援したりしながら，適宜アドバイスや個別指導も行います。そして，「学習の個性化」を代表する「オープン・タイム（O・T）」は，季節の果物を使っておやつを作るなど，学習テーマ自体も自由に設定し，自ら学習計画表を作成して活動を進めていきます。その際，保護者や地域の人たちがボランティアでサポートしてくれたりします。こうして，一人ひとりの学びが尊重される一方，その行き過ぎが課題となるなか，集団での学び合いも重視されており，個別学習と集団学習の相乗効果もめざされてきました。一人ひとりが楽しく過ごせるような，豊かな生活を自分たちで協力して創造する学級活動や行事等の主体的な活動も大切にされています。

なお，緒川小学校をはじめ，日本の個別化・個性化教育に伴走してきた加藤幸次（2001）は，一斉授業に代わる授業のあり方を10の類型で捉えています。①完全習得学習（一斉授業を補足する個別指導），②到達度別学習（「学力」差に応じたグループ別指導），③自由進度学習（単元ごとに自分のペースで学習する），④無学年制学習（どこまでも自分のペースで学習する），⑤適性処遇学習（その子の「持ち味」を生かした授業），⑥順序選択学習（自分の決めた順序に従って学習する），⑦発展課題学習（共通課題のあとに発展課題に挑戦する），⑧課題選択学習（1つの課題を集中的に追求する），⑨課題設定学習（自己決定した課題について探究する），⑩自由研究学習（自由なテーマで製作し，探究する）。

緒川小学校に始まる東浦町の個別化・個性化教育の蓄積は，1クラスの3分の1が在日外国人子女という，多文化・多言語的状況の同町立石浜西小学校において，多文化共生の教育として生かされていくことになります。同校は，美しい言葉，正しい言葉にふれさせるべく，詩の朗読・暗唱・群読などに取り組んだり，目の前のこの子たちが映える活動としてキッズソーランを始めたりと，「学校に行ったら楽しいことがありそうだ」と思えるよう，高い欠席率を改善する取り組みを進めていきました。さらに，学校に来たからには，できる，わかる喜びを保障したいという想いをもって，クラス内での学力格差が大きく，低学力の子どもたちも多い状況下で，学力差に応じる習熟度別学習，あるいは，国語科で読み取ったことを表現するのに，自分の興味・関心に応じて，劇・ペープサート，紙芝居，作家（話の続きを考えるなど）の3つのコースから選んだりする，国語科のコース別学習が実践されました。

一方で，教師の授業の「やりやすさ」が子どもたちの力を伸ばすことにつながっているのかという思いから，緒川小学校の「週プロ」に学び，教師に学習の流れをコントロールされて学ぶことを超えていくべく，2教科同時進行単元内自由進度学習である「〇〇学習」も実践されるようになりました。「〇〇学習」では，むしろ一斉授業で手を焼く子が望ましい姿に見えてきたりするといいます。2教科同時進行ゆえに生じる時差が，逆転やゆとりを生み出すのもその一因なのでしょう。先行した友達のまねをしながら後追いの形で学習を進める子どもがいたり，先に進めた子が教えたりもしました。通常の一斉授業では学習をリードすることが難しい子どもが，自信をもって教える立場になるチャンスを生み出すこともありました。また，失敗をやり直したり，納得いくまでこだわったり，時に手を抜いたりする余裕もあり，一度やり遂げた課題を，他の友達の作品を見て，やり直したり発展させたりすることもありました。

一般的に，個別化･個性化教育については，学びの個別化や活動主義に陥って，子どもたちの学力や成長が保障されないこと，あるいは，教育の自由化として遂行されて，先述のように，制度レベルはもちろん，学校内においても，学びの格差を広げる方向で機能することが危惧されます。緒川小学校の実践については，この点で論争的です。これに対して，とくに石浜西小学校の実践のモチーフは，やりたいことができない窮屈さを打開することや垂直的価値観が先行する自由化よりも，子どもを学校に来させること，そのなかで学習に値する営みをわずかでも保障していきたいという，社会的包摂と学習権保障といえます。子どもの生活にまで目配りして，子どものまるごとを捉えて成長を保障していこうとする日本の教師文化の土壌の上に，子ども一人ひとりに応じるということが，格差・貧困への挑戦や多文化共生という脈絡において展開されるなら，時間枠や課題設定の柔軟化は，逸脱行動や多様な文化を許容しつつ学校文化のノーマルを問い直すことにつながる可能性があります。そうすると，学校はよりインクルーシブなものになり，子ども一人ひとりに応じることは学習権保障にもつながるでしょう（森，2011，澤田，2013）。

異年齢集団を生かす挑戦

香川大学教育学部附属坂出中学校は，教科発展型の異学年合同授業「シャトル学習」[59]に挑戦しました。「シャトル学習」において，複数学年合同で，国語科で同じ作品を読み合ったり，音楽科で同じ曲を合唱したりして，生徒たちは，発達段階や経験の差から生まれる多様性にふれます。理科で明日の天気を予測する，数学科で携帯電話の契約数をグラフ化するなど，概念を眼鏡に現実世界を読み解くような活動は，学年を超えて繰り返し現れ，スパイラルに深化するものであり，各学年で使う知識は違っても，事象をモデル化し推論するという点で，共通の土俵で相互に刺激を受けることができます。外国語科では，「ビートルズの歌を聞くと，ワクワクするよ」という文を英語で表現する活動において，3年生なら単文でBeatles' songs make me so excited. と表現できるが，2年生は2年生なりに，When I listen to Beatles' songs, I'm so excited. と重文で表現でき，これらの違いから，英語らしい表現を可能にする文法の意味を生徒たちは実感したといいます。もともと発展的な学習としての趣旨が強かったように思いますが，下級生が上級生に交じって背伸びするだけでなく，上級生が下の学年に降りてその内容を違った方法で学び深める機会を意識的に大切にしている点が特徴的です。

さらに，香川大学教育学部附属高松小学校では，教科学習と創造活動の2領域カリキュラムを構想しており，教科外の諸領域を統合した「創造活動」は，各学級で行われる「学級創造活動」と，1年生から6年生までの「縦割り創造活動」から成ります[60]。毎日の「学級創造」で，子どもたちは，自分で決めた好きなことを好きなやり方で，1年間自由に個人課題を探究します。たとえば，ねり消しをノート何冊にもわたってずっと探究する子がいたり，野菜を育てて教室でカレーを作り始めるようなことがあったり，子どもが自己選択，自己決定の下で活動するのが特徴です。こうして一人ひとりのこだわりや持ち味やすごさにふれることで，学習の得意・不得意や優劣とは別のところで，お互いを見直し，その子らしさを尊重するようになったりもします。他方，「縦割り創造活動」も，ほぼ毎日1時間設定されており，異学年によるプロジェクト活動に取り組みます。たとえば，自分たちの手で何かを商品化して，大人が本気で求めるものを売ってみたい，最近話題になっている農業の6次化に挑戦してみようということで，子どもたちは生産・加工・販売に取り組んだりもしました。育てた野菜をいろいろな困難に直面しながらもジャムにして，販売する際には，イメージキャラクターを作りたいという1年生の声からキャラづくりの話し合いが起こり，1年生から6年生による激論の末，最終的に1年生がラフスケッチしたものがキャラクターになっていったりもしました。このように，「縦割り創造活動」は，地域の子ども会活動のようなナナメの関係を保障するものとなっています。また，掃除や運動会の応援合戦も縦割りで行い，定期的に給食も共にするなど，子どもたちにとっては，各学年の自分のクラス以外のもう一つのホームとなっています。

これらの取り組みにおいて示された，先に先に学習を進める方向に行きがちな自由進度学習に対して，他者に教えたり，立ち止まって深めて学びのすそ野を広くしたりしていく「拡充」の発想，そして，学級以外にも異学年クラスという別のホームがあり，学級自体も一人ひとりのよさを認め合う個性化された空間となっている点などは，個性と協働性の統一を考えるうえで示唆的です。

また，ここで取り上げたどの実践においても，個別化・個性化や異年齢集団への取り組みを通じて，チーム・ティーチングなどをきっかけに教師同士がつながり，通常の授業とは異なる子どもたちの姿を目の当たりにしながら，自らの実践の当たり前を問い直し，強い教師集団と教師個々人の成長が生み出されていた点が重要です。自由度の高い実践は，教師や学校に対してより高次の指導性を求めます。ゆえにそれは，ここで取り上げた実践にも見られたことですが，教師や学校による実践の差を生み出しがちですし，当初のリーダーが抜けたりすると容易に形骸化してしまったりします。学校や学級の閉鎖性や息苦しさは，教師の個業化や風通しの悪さがもたらす保守性とも関係しているように思います。学校ぐるみの挑戦を通して教師間の学び合いや同僚性が生み出され，一人ひとりの子どもたちをチームで見守る学校の共同性があってこそ，教師の力量も高まり，子どもたちの個を生かす取り組みも学習の孤立化に陥らず，個がゆるやかにつながる，豊かな学びの空間を生み出すのです。

4　履修主義と修得主義の二項対立を超える展望

ここまでで述べてきたことをふまえて，履修主義と修得主義の二項対立を

表5-5　履修主義と修得主義の二項対立を超える学びとカリキュラムのヴィジョン

伝統的な一斉授業（同調主義）	インクルーシブで真正な学び（個性と協働性）	個別化された自由な学び（自力主義）
●履修主義の強調	●履修主義を弾力化して学習権保障の観点から修得主義を位置づける	●修得主義への一元化
●学習の画一化（標準化のなかの共通性） ●みんなが同じ内容について同じように学習を進める，平等主義的一斉学習 ●目標の共通化と画一化	●学びの個性化と協働化（多元的個性） ●場や学習課題を同じくしながら個性を尊重する，指導の個性化（differentiation） ●目標の共通化と個性化	●学びの個別化（標準化の中の学習適性） ●能力別指導，場を必ずしも共有しない自由進度学習 ●目標の個別化と序列化
●一斉学習と知識内容の系統カリキュラム ●学年の縛りと処遇の画一性 ●カリキュラムの硬直的規制	●プロジェクト学習と概念のスパイラル・カリキュラム ●異学年で同じ概念を拡充的に学ぶことも可能 ●カリキュラムの質的弾力化	●プログラム学習と行動目標の直線的系列 ●無学年制で早修と結び付く ●カリキュラムの量的規制緩和
●教えられなければ学べない ●子どもにゆだねたり待ったりできずに，一方的に教えてしまい，自ら学んでいく力や意欲を萎えさせる ●吹きこぼれ問題と落ちこぼし問題を抱える	●授業とは学びへの導入である ●つまづきの根本は意味のつまずき，人が教えることでその飛躍を埋めるために授業があり，わかることで一人で解いていける，考えていける	●自習する力を前提としがちである ●その子に合わせてできるものを提示していると，吹きこぼれ問題は解決できても，できない子は底で詰まり差は開く
●同調圧力で画一化され個々人が尊重されない集団主義的な関係性 ●管理主義や排外主義と結び付きやすい ●学級経営や生活指導などにおける管理的役割を含んだ公僕的教師 ●学校の閉鎖性 ●学校の肥大化と閉鎖的な学校文化（教育くささ）	●一人ひとりのかけがえのなさが尊重される共生空間と，異質性を含んだ共同体的な関係性 ●民主主義と社会的連帯につながりうる ●学習指導を軸に人の成長に関わる専門家としての教師の専門職性の尊重 ●社会への参画と連帯に開かれた学校 ●学校のシンプル化と人間くさい教育	●一元的な尺度で序列化される空間と，均質的で機能体的な関係性 ●競争主義や社会的分断と結び付きやすい ●学習指導における教師のチューター化 ●AIによる代替や民間への外注 ●学校のスリム化とスマートな教育

（筆者作成）

超える展望について基本的な考え方を整理し，そして，表5-5に示すような，「インクルーシブで真正な学び」というヴィジョンを提起したいと思います。

(1)　履修主義と修得主義と学級制のゆくえ

まず，進級制度としては年齢主義（進級試験まではしない）を維持しつつ，履修制度としては修得主義（目標準拠評価の趣旨を実質化しつつ，一定水準の学力，すなわち，文化的によりよく生きる〈well-being〉ためのケイパビリティ〈capability：生き方の幅〉の保障に向けた手だてを講じる）の方向にシフトする形で運用していくことが妥当でしょう[61]。とくに，高校教育については，企業におけるジョブ型採用への移行や，総合型選抜等，高大接続における学習歴を尊重した資格試験型の選考システムの拡充も進めながら，普通教育としての市民的共通教養と，将来のキャリアにつながる専門的内容を確実に保障する方向で，各学校で保障する学びや成長の中身（到達目標）を明確化し，他方で，つながりの構築や学びの進め方や履修の面で，生徒たちの自主性や自治にゆだねていくことも必要でしょう[62]。

能力競争や個別化された訓練的学習といった課程主義の危うさを是正するために，年齢主義の枠までは崩さずその枠内で，場やつながりを共有しながら育ち合う経験は大事にしつつ，学習空間や集団やカリキュラムの構成においてより自由で柔軟な運用の可能性を探っていく。一方，ただ学校的日常をこなすだけになる履修主義の危うさを是正するために，何を学び何ができるようになったのかという，学びと成長の中身（学習成果）に焦点化し，すべての子どもたちの学習権を実質的に保障する修得主義の発想を生かしていく。こうして，学力保障（成長）と社会的包摂（ケア）の追求の両方を車の両輪として堅持していくわけです。

また，学級制については，学年学級のあり方を問い直し，学級の構造を個性化志向のよりインクルーシブなものへと柔軟化すること，小学校では，低・中・高くらいのくくりでの複式学級的な取り組みも考えられてよいでしょうし，教科外活動等において，持続的な縦割り集団の形成の可能性も考えられてよいでしょう。学級集団（規律）から学習共同体（つながり）へ，そして知的生活空間（場の共有）へと，学校の共同性をソフト化していく。そして，複数の集団にそれぞれゆるやかに所属し，主な居場所を選べるようにするわけです（学校共同体における複数性の重視）。コロナ禍における社会的距離をとる経験は，孤立化ではなく，自分とは異なる他者の承認と人々の対話・連帯へとつないでいくことができるかもしれません。また，高校生くらいになれば，オンラインでのつながりも生かしながら，学校外のパブリックな社会的活動への参加などを通じて，学校でのつながりに閉じずに，関心を同じくする人たち（国や地域も超えて，同年代とは限らないメンター的な存在も含む）との社会的なつながりを形成していくことも重要でしょう。

他方，学びのあり方については，個別化（孤立化）や機械化（ドリル化）ではなく，協働性のなかで学びの個性化（個を育てる）と有意味化（理解を深める）を追求すべく，真正の学びとインクルーシブな学びを統一的に実現していくようなヴィジョンが求められます。

「一人一人を生かす教育」を求める声は，形式的平等主義，徹底した年齢主義の硬直性，学級王国の閉鎖性からの自由を求める声を背景にしています。上記の提案は，「形式的平等主義（equality）」に対して，公平性（equity）[63]と個性化の追求による実質的平等（一人一人の主観的・客観的ニーズに応えつつ互恵的な分かち合いへ）を，「徹底した年齢主義」に対して，教科と教科外における異年齢集団の活用（タテ，ヨコ，ナナメの重層的な関係性，個とグループと一斉の同時進行も）を，そして，「学級王国」に対して，自由を自己責任（自ら治まる）ではなく自治（自ら治める）につなぎ，多様性を格差ではなく差異の承認につなぐこと（「異質な他者」との出会いと対話と協働）を対置するものです。

上記の提案は，学校の機能と役割，とくに，さまざまな問題の根っこにある「日本の学校」の特質についても掘り下げたうえで整理したものです。以下，まず人間の学びや成長の基本的な条件について，次に，日本の学校の特殊性について述べてみましょう。

(2) 人間の学びや成長における共同体や文化の役割

発達心理学者のヴィゴツキー（Vygotsky, L. S.）は，人間を社会的な存在として捉え，一人ではできないけども他者の助けを借りながら挑戦することで達成できる伸び代（最近接発達領域）への働きかけとして，本質的に共同的営みとして，教育の意味を明確化しました。

自由進度学習を志向する課程主義は，原級留置や仮進級等を考えなければ早修に傾斜しがちです。その結果，低位の子どもの学習環境は背伸びや学び合いがなくなり貧弱化し，差は開くことが予想されます。意欲・動機づけや意味理解など，見えにくい学力に課題を抱えがちな低位の子どもたちにとっては，他者とのつながりのなかでの支え合いや学び合いや少し学びの高見が見えるような教室文化が，学びのセーフティーネットになっている点を忘れてはなりません。他方，上位の子どもたちも，進めるばかりで立ち止まらないなら，意味理解や思考力の育成，社会性の涵養にはつながらず，視野の広がりや視座の高まりを期待できないでしょう。

文化や場が人を育てるのであって，教材を介した教師と子どものコミュニケーションである「授業」は，他者とともに文化や社会と対話することを通して人を育てる営みです。「場」や「間」といった合理化されていない一見無駄に見える「余白」，そして，そこに内在する未知やリスクが人を育てることを忘れてはなりません。「無駄」をなくすことにこだわるあまり「手間」をかけなくなってはいないでしょうか。本書で何度か強調してきたように，「立ち止まり」と「回り道」こそ，未来社会に向けた伸び代を準備するのです。

(3) 日本の学校と日本型教育システムの強みと弱み

日本の教育は，学校生活面では集団主義（同調主義）的であり，同時に学習面では個人主義（自力主義）的です。本書でも何度か指摘してきたように，集団主義的な一斉授業に見えているものも，それが画一的で一方向的な場合，実際には，教師と子ども一人ひとりの個別的な座学の束であり，学ぶか学ばないかは子どもの努力次第という状況になっています。学級の閉鎖性や息苦しさに対して，寺子屋的な自学自習を理想化するなど，学びの自由化や主体化が対置されがちですが，実はこうした自学自習の文化は，システムや構造ではなく，万事を心のもちようやありように還元してしまう，日本的精神主義や非合理的努力主義という点で，タテ社会的な日本の同調主義と根っこの部分でつながっていたりもするのです。

日本的な同調主義と自力主義の産物のうち，すべての子どもたちに一定水準の教育を保障する平等性，全人教育志向，あるいは，精神主義的な修養と結び付いた勤勉さや卓越性などは，諸外国から評価されたりもしています。しかし，その強みは弱みと表裏一体です。すなわち，日本の教育は，画一性ゆえに，個性や自由が抑圧され，いじめなどの集団の病理や生きづらさをもたらしがちです。またそれは，第３章でも述べたように，繰り返される「知育偏重」批判や，知識重視よりも人物重視という二項対立図式として表れる，態度主義や教科の授業の軽視をもたらしがちで，非合理的な精神論や努力主義や詰め込み教育をもたらしがちでもあります。

日本の社会と学校における，個の確立や異質な他者との対話を促すことの弱さ，および，理性的合理主義と民主主義的公共性の未成熟をふまえるなら，「個性化」を軸にした学校文化の組み換えは必要だと思います。公共的な議論を通して理性的な個の確立（立場の自己形成，人間的成長）をめざす学習集団や活動集団。そして，ありのままの個人の存在の承認（ケア）を含んだ生活空間。これらの統一体として，学級や学校共同体を再構築することが必要です。「個性」というレッテルではなく，固有名の具体的なその人らしさを尊重し豊かにしていくことが重要です。他者との公共的な議論や自分事の学びを通して，判断のよりどころとなる認識や軸の形成に資する「知育の協働化」と，自分とは異なる他者として互いの存在やその人らしさを認識し尊重し合う「徳育の個性化」を進めていくわけです。タテ社会日本の，世間に準拠した行動に流れがちな同調主義，そして，めいめいの努力に依存する精神論に傾斜しがちな自力主義に対して，公共性と理性と多様性（他者性の認識）を重視しながら，空気を読んでも自分らしくいられるような力と関係性と場を構築していく視点が求められます。

(4) 学校の機能と役割

以上の論述をふまえて，前出の表 5-5 のように，履修主義と修得主義の二項対立を超える学びとカリキュラムのヴィジョンをまとめました。それは，同調主義に縛られがちな伝統的な一斉授業でも，自力主義に陥りがちな個別化された自由な学びでもなく，個性と協働性を統一的に実現する，「インクルーシブで真正な学び」を志向するものです。

まずそれは，一斉に進むという形にとらわれ形骸化した履修主義でも，できる子は自分のペースで自由に進め，できないことも個性とする，目標の個別化としての修得主義でもありません。わかるようになりたいという子どもたちの願いに寄り添い，「どの子も見捨てない」学習権保障の思想の徹底として，修得主義を位置づけるものであり，目標準拠評価の趣旨の貫徹でもあります。

またそれは，個別に学習を効率化するのでなく，場や学習課題を共有するからこそ生まれる，学習者間の背伸びや模倣，他者の存在を感じることで生まれる社会的動機づけや学びの持続，教え合いや学び合いや支え合いなどを最大限に生かすものです。そうして，学習の質を追求しつつ多様な協働を生み出す，有意味で挑戦的な学習課題を軸にカリキュラムを構想します。その際，第１章でも述べたように，幹となる概念と，概念によって構造化される要素的な知識・技能とを区別することで，概念を中心に教科内容を精選・構造化し，膨大な数の細かな知識の断片ではなく少ない基本概念を，真正の活動のなかで繰り返し問い深めていくわけです。

精選された概念を軸に真正の活動を組織し，現実世界の問題を数学的なモデルで予測したり，英語でスピーチしたり，実験レポートをまとめたりするなど，単元内容は違っても類似の課題を繰り返すなかで，その学びの深さや思考・判断・表現や態度の育ちを長期的にゆるやかに評価する。他方，個別の知識・技能については，真正の活動のなかで使いこなしながら構造化し，習熟，定着を図ったり，直接的にわかるように教わったり，自習室的な空気感のよりフレックスな時間も設定しながら，自分たちで学び合ったりする経験を組織する。クラス全体での授業に続いて，あるいは，それぞれが自分で学習計画を立てたうえで，フレックスな時間においては，個別最適化された学びを提供するICTも活用しながら，ある程度自分で学んでいける子どもたちは，クラスメートと相談しながら，あるいは一人で，自分のスタイルやペースに合わせて学んでいき，つまずきがちな子は教師に近い席に来たりして，教師から，あるいは他のクラスメートたちから手厚い指導を受けながら学ぶ。そして，教師は，個別にフォローしつつも，一人ひとりの学びの状況を見守り，この内容は全体的に理解しきれていない子が多いな，おもしろい考え方をしている子がいるなといった点をキャッチして，全体で共有したり学びを深めたりしていく。こうした回復指導や拡充による量的・質的に手厚い学び直しの機会を通して，理解を伴った習得を確実に保障していくわけです。個別の知識・技能の習得状況を，当該単元を超えて一人ひとりについて，継続的に見守りサポートする際に，ポートフォリオや個別最適化の学習アプリ等を活用することは有効でしょう。

たとえば，小説のあらすじをつかみ，内容や文体等に着目して分析できることを目標にして，小説の書評を書くという共通課題を設定したとして，対象とする書物の厚みや難度や語彙が子どもによって違ってもよいし，同じ空間でみんな同じ形態でではなく，一人で取り組んでもペアで取り組んでもグループで取り組んでもよいし，必ずしも机で学ばなくても教室を飛び出してもよいという具合に，概念や課題は共通化しつつも，扱う個別の知識・技能や学習スタイルには自由度をもたせ，学びを個性化することが工夫されてよいでしょう。むしろ，真正の課題は，学校外の生活や仕事場や市民活動のつながりや空間を模写するものであり，学校的に規律化された一斉授業とは異なる場や関係性やルールを呼び込みうるし，そのように設計するとよいでしょう。

体育科や美術科などの技能教科で，あるいは，総合学習や特別活動や部活動において，みんなでまさにゲーム（試合や作品づくりや大きな学習課題）に取り組みながらも，必要に応じてゲームから離れて，各自で，あるいはペアやグループで学び合いながら，自分のペースとレベルに合わせてドリル（個別の技能の練習）に取り組んで，またゲームに戻るという形は自然でしょう。少し長い期間をかけて取り組む，試行錯誤の余地のある大きな課題を軸にしたプロジェクトのような形で，単元レベルで大きな目標を共有することで，個性的で自由度の高い学びと自然な協働が生まれるのです。

こうして，真正性の追求と学習の個性化とを結び付けていくことで，教室空間はよりインクルーシブなものとなっていくでしょう。教室にいるのがしんどいといった，隠れ不登校の子どもたちにとっても居心地のよい，保健室や「別室」（学校であって学校的でないケアの場）の良質の居場所感を，学校のセンターにもってくることを試みるのです。履修主義を，学校の保護機能，安心・安全の保障の徹底として捉え，学級を多面化・柔軟化し，「みんなが輝く」インクルーシブな学校づくりへと展開させるわけです。

人材訓練なら，知識を道具的に学んで，教科や学校の外でプログラムに参加して自主性や社会性を訓練するというのでもよいかもしれません。しかし，自立した個（人間性の根っこ）を育てるのであれば，自分の考えの軸や立場を形成するよう，ものごとの見方・考え方として，骨太の知識を理解しながら学ぶこと（ものごとがわかる教科学習）が重要です。さらに，体験プログラムなどの個別の経験をつなげて，ある程度強いつながりのなかで，失敗やもやもやも引き受けながら何かをやり遂げて一皮むけていくような長期的な成長こそが重要です（成熟につながる教科外・学校外活動）。

人材育成に解消されない，「人間形成」や「人間教育」の仕事を学校が手放さないのであれば，学校や学習の「中断性」や「共同性」を手放すべきではありません。結果を急ぎ，走り続けることを一度中断して，回り道したり，立ち止まって考えたりすること。そして，より自由に自立するために多様なつながりや「依存先」をつくっていくこと。これらは，子どもが人間的に学び成長する権利を実質化するうえでの基本要件なのです。

おわりに

本書は，以下の論考をもとに，大幅に加筆・再構成したものです。

■「いま『授業』を問う― テクノロジーの活用と授業のオンライン化を未来の『当たり前』につなぐ―」（2020年4月24日）（https://e-forum.educ.kyoto-u.ac.jp/）

■「いま学校にできることについて ― 遠距離恋愛のごとく子どもを想うことから―」（2020年5月1日）（同上）

■「学ぶ権利を保障するとはどういうことか ― withコロナの履修様式―」（2020年5月10日）（同上）

■「学校再開を進める際に確認しておきたいこと ―『withコロナ』の経験を『公教育のバージョンアップ』につなぐために―」（2020年6月2日）（同上）

■「withコロナの学校生活の始まりでいま必要なこと」（2020年6月15日）（同上）

■「『未来の学校』をどう構想するか ―『大きな学校』と『小さな学校』の狭間で ―」教育調査研究所『教育展望』第717号，2020年3月，pp. 50-57

■「非認知的能力の育て方を問う ― スキル訓練を超えて ―」日本教材文化研究財団『研究紀要』第49号，2020年3月，pp. 15-20

■「質の高い学びを実現するために ―『教科する』授業と授業づくりの不易 ―」広島大学附属小学校学校教育研究会『学校教育』第1232号，2020年4月，pp. 6-13

■「これからの時代の学校のカリキュラムと授業の在り方をめぐって～先端技術の活用等を踏まえた『ひとりひとりを生かす』履修システムを検討する視点～」中央教育審議会初等中等教育分科会教育課程部会 書面審議提出資

料（2020 年 4 月）（https://www.mext.go.jp/b_menu/shingi/chukyo/chukyo3/004/mext_00330.html）

コロナ禍を通して，日本の学校や社会の標準がどう動き，それに伴って規範がどう動くか。この点をずっと注視してきました。ステイホームの呼びかけで，「引きこもり」が常態という状況を社会全体で経験し，密を避けて社会的距離を取るべしというメッセージが絶えず発せられ続けています。ステイホームは，自分がいま身を置いている足元のホーム（家庭や仲間集団や社会）と向き合うきっかけを与え，さらに人と人，人と所属する集団との間に物理的距離を生み出すこの状況は，社会のつながりのありように，共同体としての日本の学校のありように大きなインパクトを与えることが予想されます。

そもそも，コロナ前夜に，「個別最適化された学び」などが投げかけていたのは,「共同体としての学校」という日本的特質の再検討という主題でした。コンピテンシー・ベースや資質・能力ベースの改革は，社会との境界線において学校の機能と役割を問い直すものでしたが，次の教育改革の局面は，まさに「日本の学校」を，つまりは日本社会のありようを問い直すものとなるでしょう。コロナ禍での経験がどのようなものになり，そこから何を社会的な教訓として導き出すかによって，問い直しの先にいかなる学校や社会のあり方が生まれてくるかはいまだ流動的です。しかし，本書において，概念化や交通整理を試みたように，コロナ禍をくぐるなかで，基本的な議論の構図や問い直しの先の選択肢のバリエーションとしては，むしろある程度輪郭がはっきりしてきているようにも思います。

本文のなかで，AI ドリルについて，それが教室での集団から個々人を切り離す作用をもち，場を共有していたりすることで，自然発生的なゆるやかなつながりが生まれることがあると述べました。社会全体も同じようなことが起こりうるように思います。物理的距離は取りながらもオンラインでつながれる環境で，各家庭，各個人がそれぞれに，これまでとは違った形でお互いや社会とつながり始める。それは既存のシステムや集団から「個」を析出し，同調圧力の源泉である「世間」を問い直すきっかけになるかもしれません。他方でそれは，中間集団や保護膜なしに，社会と各個人が対峙《たいじ》しなくてはならない，自分で選んだり決めたりしないといけない，リスクが個人化されて楽のできない社会でもありますし，ネット上の集合知や空気に翻弄され縛られる社会かもしれません。

この状況を，孤立化や自己責任や社会的分断に陥らせないよう，新しい関係性と社会システムを立ち上げ，多層的な共同性と公共空間を創出していく必要があります。一人ひとりという傷つきやすさに対して，安心のセーフティーネットを張りながら，一人ひとりをかけがえのない個として尊重する人権感覚，社会に参画し手応えを得ることで生まれる社会的関心に開かれた自己効力感，自分らしくよりよく生きること（ウェルビーイング）の追求につながる承認の関係と個々人のケイパビリティを育み保障していくことが，社会と学校の課題と考えます。

人間の時間を超えて加速していく社会の変化に対して，コロナ禍は，ヒトとしての自然の時間，自然とほどほどのところで調和していく人間らしい文化的な生活の時間を取り戻すことの重要性を提起している側面もあります。「よりよく生きる」ことを，際限ない合理化・効率化や私的利益の追求に閉じさせないで，本文でも強調してきたような「余白」や「回り道」や「分かち合い」の価値も含みこんだ形で追求していくことが重要です。コロナ禍という人類史レベルの共通経験を足がかりに，何が正解かもわからずそれぞれが多かれ少なかれ不安を抱えている状況だからこそ，サービスの受け手のような感覚を抜け出して，保護者や地域の人々が学校に関わり，当事者意識や分かち合いの感覚を育みながら，「自分（とわが子）のため」（私的利益）でも，「みんなのため」（滅私奉公）でもなく，公共性と民主主義へと向かう「自分たちの学校」「自分たちの社会」を，子どもたちも交えて，自分たちで創っていくこと。こうした教育の公共性の再構築の先に，当事者意識をもって学校に関わる人々やコミュニティが生み出す良質の社会関係資本に支えられながら，子どもたちと学校生活を共にする教師たちものびやかに挑戦できる，真に自由でオープンで多様性のある公教育が生まれてくることを期待しています。

2020年7月

石井英真

註

1　第1章の内容は，コロナ禍のなか，現場のさまざまな声や取り組みに触発されてまとめた。「こころの温度」という視点については，香川県高松市教育委員会の河田祥司指導主事との対話による。長岡京市立長岡中学校等の元校長の盛永俊弘氏（現在同市の教育委員）とのやりとり，および，盛永氏が主宰する「学校改革フォーラム」，そして，岡山大学学長補佐の小村俊平氏が主宰する「学校休止中の『生徒の気づきと学びの最大化』プロジェクト」などで報告された現場の声からも多くを学んだ。また，教育研究家の妹尾昌俊氏による，休校中のSNSを通じたアンケート調査の結果や，それをふまえた発信からも，学校現場，保護者，子どもたちの現状について学ぶことができた（https://news.yahoo.co.jp/byline/senoomasatoshi/?p=2#artList）。

2　夜間中学とは，公立の中学校の夜間学級のことである。戦後の混乱期に義務教育を修了できなかった人や，さまざまな理由から本国で義務教育を修了せずに日本で生活を始めることになった外国籍の人，近年では，中学校を卒業はしていても不登校などの理由で十分に学校に通えなかった人など，多様な背景をもった人たちが学んでいる。

3　日本の教育実践の遺産については，田中（2005）などを参照。

4　休校中の高校生の学習時間の差を生み出した要因に関する，中原淳の研究室の調査でも，「①学校からメッセージ・課題を発すること，②学校と子どものつながりを保つ取り組みが重要」「情報を発信する＋つながりを切らない」「学校と子どもに『回路』を保つ，『縁の切れ目』が『学びの切れ目』」という言葉で，学びの保障におけるつながりの意味が示されている（高崎・村松・田中・中原，2020）。

5　「授業」と「受業」という概念の区別については，中内（2005）を参照した。中内は，「日本の人づくりは，いかに教えるべきかではなく，いかに学ぶべきかの技の体系ででき上っている」（p. 40）と述べる。たとえば，江戸時代にも『授業論』と題する書物があったが，その内容は，いかに業を受けるかの論，すなわち，学習論であり「受業」論であったという。さらに中内は，近代学校成立期の，西洋由来のヘルバルト派の一斉授業とされているものも，その実態は，「受業」論とともに近世日本のもう一つの教育方法の系譜を形成していた「記誦《きしょう》注入の法」（藩校などで漢字や読みの指導法として定式化されていた素読，講釈の一斉教授法）に近いものであったと指摘する。そして，「受業」も教え込みの「記誦注入の法」も，子どもがわからないことを，教えている内容や教え方の順序ではなく，子どもの側の努力や心構えに責任を負わせる，一種の精神主義的自力主義という点で通底していたと論じている。

6　掛図とは，学校の教室において黒板や壁面に掲げて教授に用いた大判の絵図や表などを指し，明治維新後，全国に小学校が設置されていくなかで，クラスでの一斉授業に用いる視覚教材として普及していった。

7　授業論（教授学）の系譜については，斎藤（2006），吉本（2006），藤岡（1989），石井（2020a）などを参照。

8　手習いとは，江戸時代，寺子屋で文字の読み書きを習うことを指す。寺子屋では，一つの手本を使うのではなく，その子どもの家の職業に合った手本を師匠が準備して，子どもたちは思い思いに個別に自力で学んでいった。

9　受業論（学び論）の系譜については，木下（1972），辻本（1999），西川（2010），佐藤（2012）などを参照。

10　オンライン授業を構想するうえでの基本的な考え方については，京都大学高等教育研究開発推進センターCONNECTのホームページ「オンライン授業ってどんなもの？」（https://www.highedu.kyoto-u.ac.jp/connect/teachingonline/patterns.php）なども参照。たとえば，オンライン授業を，オンデマンド型と同時双方型に分けたうえで，前者（講義資料（ビデオ，音声付きPPT等を含む），教科書等を提示し，毎回の課題で「十分な指導」を行うタイプ）について，①本時の目標を確認する，②教材を選ぶ，作成する，③学生が教材にアクセスできるようにする，④学生に本時の目標や学ぶべき事項，課題を指示して学習させる，⑤学生からの質問に答えたり，アドバイスを与えたりする，⑥学習成果を確認し，フィードバックを与える，⑦学び直したり，学び深めたりする機会を与えるというサイクルが示されている。独学の支援のデザインについては，鈴木（2002）も参考になる。

11　初等・中等教育において，オンライン授業をつくっていくうえでの具体的な手法や授業の組み立て方については，樋口・堀田（2020），石井・長瀬・秋山（2020）などを参照。

12　「まねび」としての学びや「実践共同体への参加」としての学びという考え方については，レイヴ＆ウェンガー（1993），佐伯（1995），生田・北村（2011）などを参照。

13　自習法については，波多野（1980），辰野（2006），ジマーマンほか（2008）といった学習心理学の知見，それらをふまえたより実践的な勉強法や学習習慣の提案（藤澤，2002，清水，2009），あるいは，明治期の自学主義にもルーツをもつ辞書教育（深谷，2006）なども参考になる。

14　「もやもやするけど楽しい授業」については，石井（2020a）の第８章を参照。

15　反転授業とは，ブレンド型学習（対面学習とICTを使ったオンライン学習とを組み合わせたもの）の一つであり，授業と宿題の役割を「反転」させ，授業時間外に講義部分をオンライン教材として提供し予習させ，対面の教室の授業では，協働学習や問題解決学習等を通して，知識理解の確認や知識の使いこなし・深化の機会を提供する学習形態を指す。

16　「教科書を教える」ことと「教科書で教える」ことの区別については，石井（2020a）の第４章を参照。

17　ブルームらは，教育目標を分類し明確に叙述するための枠組みを開発し，それを「教育目標の分類学（taxonomy of educational objectives）」と名づけた（一般に，ブルーム・タキソノミーと呼ばれる）。ブルーム・タキソノミーでは，学校教育における教育目標の全体像が，「認知領域」（1956年出版），「情意領域」（1964年出版），「精神運動領域」（未完）の３領域で整理され，各領域はさらにいくつかのカテゴリーに分けられている。たとえば，認知領域は，「知識」「理解」「適用」「分析」「総合」「評価」の６つで，また，情意領域は，「受け入れ」「反応」「価値づけ」「組織化」「個性化」の５つで構成されている。そして，カテゴリーごとに，対応するテスト項目も例示されている。詳しくは，石井（2020b）を参照。

18　教育内容の精選・構造化，教科・領域等を横断したカリキュラムの再構成，年間指導計画の再構成などに関する具体的方策については，滋賀県近江八幡市立岡山小学校の石垣雅也教諭，兵庫県伊丹市立東中学校等の元校長である太田洋子氏（現在同市の教育委員），および広島県教育委員会の龍王理香指導主事や寺田拓真課長らとのやりとりを参考にしている。

19　「本質的な問い」を軸にしたカリキュラムや単元の設計については，西岡・石井（2019），奥村・西岡（2020）などを参照。

20　内容精選に向けて，教科・領域等を横断する視点を含みながら，カリキュラム・マネジメントに取り組む実験的取り組みも，国立大学附属学校等において進められてきた。たとえば，福岡教育大学附属福岡小学校では，内容精選の方法として，中心概念を焦点化する削減（例：「１つ分をつくる」という中心概念に焦点化して，大きな数への拡張，任意単位や普遍単位などの内容を統合的に扱う），概念同士の複合化をめざす統合（例：４，５年で扱う割合の内容と，３，６年で扱う経済の内容の間に，百分率の活用という接点を見いだし統合的に扱う），主概念と関連概念による内容の再構成（例：「多様な他者との共生」という主概念を軸にテーマ学習を行い，社会科の国際理解，それぞれの言語のよさを扱う言語系教科の学びなどを統合する）の3つを示している。

21　3観点をどう解釈して，評価改革をどう進めていくのかについては，石井・西岡・田中（2019）などを参照。

22　子ども像の探究を軸に，授業改善を組織的な学校改革につなげていく方法論，および学校改革の実践については，石井（2018），大阪府教育センター（2020）などを参照。

23　アカウンタビリティ（説明責任）というと，テストの結果など，数値化されたエビデンス（匿名のアカウンタビリティ）と結び付けられがちであるが，とくに当事者である保護者などにとっては，数値以上に，たとえば，学級通信やポートフォリオや発表会などを通して示される，目の前の子どもたちの具体的な姿やその変化（固有名のアカウンタビリティ）も，教育活動の成果に対する納得可能性を高め，学校や教師への信頼の構築につながりうる（石井，2015b）。

24　ブルームによって提唱されたマスタリー・ラーニング（完全習得学習）は，目標を明確化したうえで，指導の過程でテスト等による形成的評価を行い，その結果に応じて回復学習や発展学習を提供することで，すべての子どもたちの完全習得をめざす授業方式である。

25　「日本の学校」の歴史的な特質については，木村（2015）を参照。

26　未来が予測困難で流動性の高まったポスト近代社会においては，知識・技能の習得よりも，正解のない問題に対応するために必要な，批判的思考力やコミュニケーション能力などの「新しい能力」が必要とされ，それらはポスト近代型能力とも呼ばれる（本田，2005，松下，2010，石井，2015a）。

27　石井（近刊 a）を参照。

28　中央教育審議会 初等中等教育分科会に関わる，今村久美，岩本悠，香山真一，神野元基等が取りまとめた提案資料「新型コロナウイルス感染症に対応した新しい初等中等教育の在り方について」（中央教育審議会 初等中等教育分科会 新しい時代の初等中等教育の在り方特別部会委員提出資料，2020 年 5 月 26 日）の提案内容については，地域創成とリンクした真正の学びによる，若者の市民的成熟と分散型の社会的ネットワークと新たな公共的連帯を構築する可能性を内包している。一方で，福祉的機能と社会的機能と学習的機能を切り分ける機械的な分業論による学校の機械的なスリム化（解体）に向かうなら，ICT 支援や社会資源の確保に関わるコーディネーター人材，さらにはカリマネ推進人材というコンサルタント的な外部が膨らみ，その分，教職員の配置・財政支援がおろそかになったり，教師の仕事が福祉労働化し，教育専門職としての内実が空洞化したりしないか注意が必要である。

29　安彦（2019）では，公教育と私教育とを区別したうえで，公教育に偏りがちな教育の議論において，私教育も視野に入れて，それが私事化（教育のビジネス化）に陥ることなく，公権力から自由に，自立した個を育てる進歩的な教育として展開される必要性が述べられている。

30　イリッチ（Illich, I., 1977）は，制度化された学校がもたらす根源的な問題状況，すなわち，教えられなければ学べなくなること，価値の制度化によって自ら学ぶ力が疎外されていることに対して，学校制度を解体して，人々が自主的にそして平等に資源（事物，模範，仲間，年長者）と出会える自立共生の学習ネットワークを形成することを提唱した。イリッチの脱学校論は，「学校化された社会」の脱学校化，あるいは非学校化に主眼があるのであって，価値の制度化の問い直しなくしては，「脱学校」は，「共生する社会」にはつながらず，むしろ「学校化された社会」を拡大することにつながりかねない。

31　Science, Technology, Engineering, Art, Mathematics 等の各教科の学習を実社会での創造的な問題発見・解決やデザインに生かしていく教科横断的な教育をめざすこと。

32　Education（教育）と Technology（テクノロジー）を組み合わせた造語である。

33　道具の特性を見極めながら，授業においてデジタルメディアを使いこなしていく方法論については，石井（2020a）第 6 章を参照。

34　ディープラーニングとは，コンピュータ上で神経回路を模して作られたシステムである「ニューラルネットワーク」を何層にも重ねる（深くする）ことで作られる機械学習のシステムである。

35　教育技術の法則化運動とは，1983 年，現場教師の向山洋一が，教育技術の法則化・共有化をめざして始めた運動。日常の実践において必要とされる教育技術を紹介する投稿論文を募り，そこで発掘され共有された技術を他の教師が追試し，一般化を図ろうとした。法則化運動は 2000 年に解散し，TOSS（Teachers' Organization of Skill Sharing）として生まれ変わり，TOSS ランドというポータルサイトを立ち上げた。

36　チンパンジーの教育と学習は，「教えない教育・見習う学習（Education by master-apprenticeship）」，いわば「まなび」であって，「親や大人は手本を示す」「子どもはまねる」「大人は寛容」という 3 つのポイントがある。これに対して，人間の特徴は「教える」ことにあって，「手を添える」「ほめる」「うなずく」

「ほほえむ」「認める」「見守る」といったことも行う（松沢，2011）。

37 東京都千代田区立麹町中学校において，学校の「当たり前」に風穴を開けようとする工藤（2018）に対して，諏訪（2020）は，とくに「全員担任制」という名の担任廃止論をはじめとして，その改革が，個体は共同体を経由してこそ自立した自由な個人となりうるという視点を欠落させて，学級や学校の共同体を解体するものであり，経済利益と結び付いた教育の自由化を進め，学校を人間形成ではなく人材養成の場へと再編するものであると批判している。

38 文部科学省初等中等教育局教育課程課教育課程企画室（2018），および，OECDのホームページに掲載されている最終報告書のコンセプトノートの邦訳を参照（https://www.oecd.org/education/2030-project/teaching-and-learning/learning/learning-compass-2030/OECD_LEARNING_COMPASS_2030_Concept_note_Japanese.pdf）。

39 Guts（困難に立ち向かう度胸），Resilience（失敗してもあきらめずに続ける復元力），Initiative（自らが目標を定め取り組む自発性），Tenacity（最後までやり遂げる執念）の頭文字をとったもの（ダックワース，2016）。この概念自体は，他の非認知的能力に関わる概念と同様，スキル主義的なニュアンスも強いが，真にそれが人生の成功につながるためには，努力と忍耐の根っこに志があるかどうかが重要であろう。

40 官民協働のオールジャパンで取り組む「日本型教育の海外展開事業」（EDU-Port ニッポン）に関する文部科学省のホームページを参照（https://www.eduport.mext.go.jp/）。EDU-Port については，「日本型教育」というパッケージ化に伴う矮小化や形式化，そして，国際教育開発における文化帝国主義（自国文化の押し付け）や新自由主義（教育の商品化・市場化）なども危惧される（橋本（2019）などを参照）。

41 山岸（2010）は，たとえば，「いじめをする子どもは，他人に対する思いやりの心が欠けているのだ」といった具合に，人がある行動をとることの原因を，システムや社会関係などではなく，個人の心のあり方に求める考え方を「心でっかち」と表現している。

42 「教科する」授業の具体については，石井（2017），新潟大学教育学部附属新潟中学校（2019），石井・熊本大学教育学部附属小学校（2020），石井（近刊 b）などを参照。

43 表 5-1 をまとめるにあたり，履修主義・年齢主義と修得主義・課程主義については，梅根（1956），続（1973），高倉（1977），田中（2018）を参照した。

44 課程主義と年齢主義と学級制の歴史的展開については，佐藤（2005），宮本（2005），木村（2015）などを参照。

45 下等小学４年（８級），上等小学４年（８級）の４・４制が導入され，この下等・上等の「等」と各８級の「級」をとって「等級制」と称された。子どもたちは学習進度別に級分けされ，半年ごとに行われる試験の成績によっては落第や飛び級もあった。

46 人が自立して生きる，主体形成のためになされる「教育（education）」と区別される，「教化（indoctrination）」とは，社会や共同体の維持のために，特定の政治的・社会的・宗教的な価値観を意図的に植え付け内面化させることを指す。

47 たとえば，池袋児童の村小学校の野村芳兵衛の生活訓練論，生活綴方運動など，子どもの生活から，学校，および生活集団としての学級を問い直す実践も生まれた（中内，2008）。

48 もともと課程主義という概念自体は，国家主義的教育政策や一元的能力主義や競争主義と結び付くものと捉えられがちである。これに対して，続有恒（1973）は，「一定の水準以上の履修の成果を，できるだけ多くの者（願わくば全員）が示すようにする」（p. 229）ものとして，いわば，「課程主義＋学力保障」という意味を込めて「修得主義」という概念を提起している。また，中内敏夫（1983）も，フランスにおける留年と学力補充学級の制度や，内容を習得しないままに進級させられることを問題視する発想などに，学習権保障の思想を見いだしている。

49 学歴は，院卒・大卒・高卒のように，最後に卒業（あるいは修了）した学校の種類により分類される。

学校歴とは，卒業した高校名や大学名を指す。日常的に学歴という言葉が使われる際には，後者の学校歴の意味で使われることも多い。

50 臨時教育審議会以降繰り返される，規制緩和による義務教育の構造改革の展開については，窪島（1996），藤田（2005）などを参照。

51 イエナプランとは，授業のみならず，学級編制，時間割，教室空間の構成，学校と家庭との関係づくりも含む包括的な学校改革の構想であり，年齢の違う子ども（およそ3学年）をひとまとめにした異年齢学級制が特徴的である。20世紀初頭にドイツで生まれ，オランダにおいて，個別学習や自由や共生をより重視する方向で，実践校の取り組みの柔軟性を許容する形で広まった（リヒテルズ・苫野，2016, リヒテルズ, 2019）。石井（近刊a）の熊井将太の論考では，歴史的に繰り返されてきた個別化・個性化教育の危うさを指摘しつつ，日本におけるその過剰期待気味で多義的な取り組みの解きほぐしがなされる。

52 表5-3をまとめるに当たり，個別化・個性化教育の論点に関しては，宮本（2005），佐藤（2004），加藤（2004），岩永・松村（2010）を参照した。

53 個性尊重と学力格差の関係について，枠付けのゆるい子ども中心の自由な教育が，下位の階層出身の子どもたちに不利に働き，教育達成の格差拡大につながりがちであることは，教育社会学において繰り返し指摘されてきた。たとえば，苅谷剛彦（2001）は，「インセンティブ・デバイド」（学習意欲格差）の拡大を明らかにした。受験の圧力が弱まり，教育の場における競争を否定する考え方が広まり，勉強へのインセンティブが見えにくくなった結果，下位の社会階層の子どもほど学習意欲が低くなる。一方で，社会階層が上位の家庭で育った子どもたちは，インセンティブを見抜き，塾や私学で意欲・学力を保持するといった具合に，全体的に学習意欲は低下しても，社会階層が上位の子どもには歯止めが利き，下位の子どもは逆に勉強をあきらめることで自尊心を保つようになるのである。

54 PISAの結果については，国立教育政策研究所（2002）などを参照。また，各国のPISAの受け止めや，質と平等をめぐるフィンランド等での当時の教育改革の展開については，佐藤・澤野・北村（2009），庄井・中嶋（2005）などを参照。

55 「『習熟度（能力）別指導』は，①小学校では『上位』『中位』『下位』のどのグループでも有効性はなく，②中学校では『上位』グループにおいて適切な教育が行われた場合に限って有効性を主張する調査研究も存在しますが，③いずれの場合も学力格差は拡大し，④学校全体の学力向上にはつながらず，⑤階級や階層や人種間の学力格差の拡大と差別につながります。そのうえ『習熟度別指導』は，教育内容の段階的組織と学習集団の均質化により学びの経験を狭め，競争と失望を促進して歪んだ優越感と劣等感を助長します。さらに『習熟度（能力）別指導』は，教師の仕事を『責任』から『サービス』へと転換させ，教師の子どもの見方や能力の見方や教育の考え方におけるモラルの低下をまねき，学校教育における平等と民主主義を破壊し『学校の塾化』を促進します」（佐藤，2004，p. 58）。

56 「特定の才能のある少数の子どもを選抜して特別教育プログラムに入れるという，狭義の才能教育だけでなく，障害児まで含めたすべての子どもの比較的得意な面を通常学級で学習に活かすという，広義の才能教育が存在する」（岩永・松村，2010，p. 21）のであって，一部の子どもたちだけ（早修）でなく，すべての子どもたちの特性や強みを活かすこと（拡充）が，近年の才能教育では重視されている。また，赤木（2017）では，アメリカの貧困地区の学校の実際，そこでのインクルーシブ教育の姿がリアルに記述されている。

57 教育の自由化・多様化と新自由主義に関わって，「脱学校（＝市場化）と，多様な能力（＝個性）に応じた多様な教育プログラムを用意することとは本来全く逆の方向性をもったムーブメントである。『教育改革』の中で現実に起こったのは，前者のみ，つまり多様な教育的配慮から撤退して『学校が画一的に手を引く』ということだったのである」（岩永・松村，2010，p. 3）と，教育の内容・方法に関わる配慮や組み換えが試金石となることが示されている。

58 緒川小学校の実践の歩みについては，小笠原（2000），宮島（2007），久野・愛知県東浦町立緒川小学校（2008）などを参照。

59　香川大学教育学部附属坂出中学校（2009）を参照。

60　橘・前場（2019）や香川大学教育学部附属高松小学校（2017）を参照。

61　「『年数（年齢）主義』を維持しつつ（『飛び級』『落第』を基本的には認めないで），その『学年』に属する児童・生徒に共通の『課程』の修得を求めるという，年数主義的な修得主義とでも呼称できるような原理こそが『科学と生活』や『学力とモラル』の統一的な形成にとって大切である」（田中，2011，p. 166）。

62　本田由紀（2020）は，法律・政策・制度における「能力」「態度」「資質」という言葉の確立と普及のなかで生じてきた，垂直的序列化と水平的画一化の過剰と，水平的多様化の過少という点に，人間の「望ましさ」に関する考え方の日本の特徴的な構造を見いだす。そうした構造は，「他の可能性」を排除するよう機能する傾向があるため，変化に対する社会と個人の柔軟な適応を阻害する。ゆえに，日本社会が直面している諸課題に対処するうえで，「属性や状況を問わずあらゆる人々が存在を尊重され，基礎的な生活を保障されるとともに，それぞれのアイデアや得意なことを存分に伸ばしたり発揮したりすることができ，適正な報酬を得て，社会全体の基盤整備と再配分や福祉のための公的財源に寄与できるような社会状況を，従来の固定観念や差別的な意識を超えて作り出してゆくことが不可欠」だとし，「様々に異質な他者を尊重し，新しい発想や挑戦を受け入れ称賛するような柔軟性」が重要だとする（pp. 208-209）。そして，高校の学科を多様化し，現状の専門学科の種別と定員を拡大しつつ，どのような専門学科からも，上級学校への進学の機会も保障し，行き止まりの進路とならないようにするなど，序列化に陥らない形での水平的な多様化，特色化を図っていくこと，また，学級や学年という固定的集団を最小限のものとして，イエナプラン教育のように，学習集団や所属集団を，異学年を含む流動的・多元的な形で編成することなどが提起されている。

63　横並びで同じものを与えるのではなく，ハンデのある人に手厚くするなど，もともとある差異に応じて与えるものを変えることで機会均等を実現すること。

引用・参考文献一覧

■赤木和重（2017）『アメリカの教室に入ってみた』ひとなる書房
■安彦忠彦（2019）『私教育再生』左右社
■生田久美子・北村勝朗編（2011）『わざ言語』慶應義塾大学出版会
■石井英真（2015a）『今求められる学力と学びとは』日本標準
■石井英真（2015b）「教育実践の論理から『エビデンスに基づく教育』を問い直す――教育の標準化・市場化の中で」『教育学研究』第 82 巻第 2 号
■石井英真編著（2017）『小学校発　アクティブ・ラーニングを超える授業』日本標準
■石井英真編著（2018）『授業改善８つのアクション』東洋館出版社
■石井英真（2019）「教育方法学――『教育の学習化』を問い直し教育的価値の探究へ」下司晶ほか編『教育学年報 11 教育研究の新章』世織書房
■石井英真（2020a）『授業づくりの深め方』ミネルヴァ書房
■石井英真（2020b）『再増補版・現代アメリカにおける学力形成論の展開』東信堂
■石井英真編著（近刊 a）『流行に踊る日本の教育（仮）』東洋館出版社
■石井英真編著（近刊 b）『高等学校　真正（ホンモノ）の学び　授業の深み（仮）』学事出版
■石井英真（近刊 c）「カリキュラムと評価の改革の世界的標準化と対抗軸の模索」広瀬裕子編『グローバル化社会における教師・学校・統治』世織書房
■石井英真・熊本大学教育学部附属小学校（2020）『粘り強くともに学ぶ子どもを育てる』明治図書
■石井英真監修・長瀬拓也・秋山貴俊編（2020）『ゼロから学べるオンライン学習』明治図書
■石井英真・西岡加名恵・田中耕治編著（2019）『小学校　新指導要録改訂のポイント』日本標準
■稲垣佳世子・波多野誼余夫（1989）『人はいかに学ぶか』中央公論新社
■今泉博（2002）『集中が生まれる授業』学陽書房
■今村久美・岩本悠・香山真一・神野元基（2020）「新型コロナウイルス感染症に対応した新しい初等中等教育の在り方について」中央教育審議会 初等中等教育分科会 新しい時代の初等中等教育の在り方特別部会委員提出資料, 2020 年 5 月 26 日（https://www.mext.go.jp/kaigisiryo/content/20200526-mext_syoto02-000007440_44.pdf）
■岩永雅也・松村暢隆（2010）『才能と教育――個性と才能の新たな地平へ』放送大学教育振興会
■イリッチ, I.（東洋・小澤周三訳）（1977）『脱学校の社会』東京創元社
■梅根悟（1956）「義務教育制度の二つの型」『教育史研究』第 2 号
■OECD 編（ベネッセ教育総合研究所 企画・制作, 無藤隆・秋田喜代美 監訳）（2018）『社会情動的スキル――学びに向かう力』明石書店
■OECD（2019）“OECD Future of Education and Skills 2030 Conceptual Learning Framework Concept Note: OECD Learning Compass 2030”（http://www.oecd.org/education/2030-project/teaching-and-learning/learning/learning-compass-2030/OECD_Learning_Compass_2030_concept_note.pdf）（秋田喜代美らプロジェクト関係者による仮訳（http://www.oecd.org/education/2030-project/teaching-and-learning/learning/learning-compass-2030/OECD_LEARNING_COMPASS_2030_Concept_note_Japanese.pdf））
■大阪大学全学教育推進機構・教育学習支援部「授業をオンライン化するための 10 のポイント」（https://www.tlsc.osaka-u.ac.jp/project/onlinelecture/tips01.html）
■大阪府教育センター（2020）『高等学校における校内授業実践研究進め方ガイドブック』（http://wwwc.osaka-c.ed.jp/category/forteacher/pdf/kounaijyugyoujissenkennkyuu_ver_3_r2.pdf）
■小笠原和彦（2000）『学校はパラダイス』現代書館
■奥村好美・西岡加名恵編著（2020）『「逆向き設計」実践ガイドブック――『理解をもたらすカリキュラム設計』を読む・活かす・共有する』日本標準
■ガードナー, H.（松村暢隆訳）（2001）『MI：個性を生かす多重知能の理論』新曜社
■香川大学教育学部附属坂出中学校（2009）『学びの拡充をめざす異学年合同学習――個の伸長を促すシャトル学習の実践』黎明書房

■香川大学教育学部附属高松小学校（2017）『創る』東洋館出版社
■勝田守一（1970）『教育と教育学』岩波書店
■加藤幸次（2001）「一人一人に学力を育てる授業づくり」加藤幸次・高浦勝義編著『学力低下論批判』黎明書房
■加藤幸次（2004）『少人数指導　習熟度別指導：一人ひとりの子どもをいかに伸ばすか』ヴィヴル
■加藤幸次監修・愛知県東浦町立石浜西小学校（2009）『子ども・保護者・地域を変える多文化共生の学校を創る』黎明書房
■苅谷剛彦（2001）『階層化日本と教育危機――不平等再生産から意欲格差社会へ』有信堂高文社
■苅谷剛彦（2002）『教育改革の幻想』筑摩書房
■木下竹次（中野光編）（1972）『学習原論』明治図書
■木村元（2015）『学校の戦後史』岩波書店
■教育科学研究会「教室と授業を語る」分科会・中村（新井）清二・石垣雅也編著（2002）『コロナ時代の教師のしごと』旬報社
■『教職研修』編集部編（2020）『ポスト・コロナの学校を描く』教育開発研究所
■京都大学高等教育研究開発推進センター CONNECT のホームページ「オンライン授業ってどんなもの？」（https://www.highedu.kyoto-u.ac.jp/connect/teachingonline/patterns.php）
■工藤勇一（2018）『学校の「当たり前」をやめた。』時事通信社
■久野弘幸監修・愛知県東浦町立緒川小学校著（2008）『個性化教育 30 年――緒川小学校の現在』中部日本教育文化会
■窪島務（1996）『現代学校と人格発達』地歴社
■神代健彦（2020）『「生存競争」教育への反抗』集英社
■経済産業省（2019）『「未来の教室」と EdTech 研究会　第２次提言』（https://www.meti.go.jp/shingikai/mono_info_service/mirai_kyoshitsu/20190625_report.html）
■鴻上尚史（2019）『「空気」を読んでも従わない』岩波書店
■国立教育政策研究所編（2002）『生きるための知識と技能――OECD 生徒の学習到達度調査（PISA）2000 年調査国際結果報告書』ぎょうせい
■佐伯胖（1995）『「わかる」ということの意味（新版）』岩波書店
■斎藤喜博（2006）『授業入門（新装版）』国土社
■佐藤秀夫（2005）『教育の文化史２　学校の文化』阿吽社
■佐藤学（2004）『習熟度別指導の何が問題か』岩波書店
■佐藤学（2012）『学校を改革する――学びの共同体の構想と実践』岩波書店
■佐藤学・澤野由紀子・北村友人編著（2009）『未来への学力と日本の教育⑩　揺れる世界の学力マップ』明石書店
■澤田稔（2013）「教科における自立型学習に関する授業研究：単元内自由進度学習とその意義」『個性化教育研究』第５号
■ジマーマン, B. J.・ボナー, S.・コーバック, R.（塚野州一・牧野美知子訳）（2008）『自己調整学習の指導』北大路書房
■清水章弘（2009）『習慣を変えると頭が良くなる』高陵社書店
■庄井良信・中嶋博編著（2005）『未来への学力と日本の教育③　フィンランドに学ぶ教育と学力』明石書店
■白水始（2020）「ポストコロナ時代の学校教育に向けて」『教育展望』2020 年６月号
■鈴木克明（2002）『教材設計マニュアル――独学を支援するために』北大路書房
■諏訪哲二（2020）『学校の「当たり前」をやめてはいけない！』現代書館
■ダーリング - ハモンド, L.（深見俊崇編訳）（2017）『パワフル・ラーニング』北大路書房
■高倉翔（1977）「義務性」真野宮雄編著『現代教育制度』第一法規出版
■高崎美佐・村松灯・田中智輝・中原淳（2020）「立教大学経営学部中原淳研究室　そのとき学びに何が起こったか：高校生の学習時間に焦点をあてて――新型コロナ感染拡大による学習環境の変化に関する調査報告会. 当日配布資料」（http://www.nakahara-lab.net/blog/wp-content/uploads/2020/06/online_manabitomeruna2020-1.pdf）
■橘慎二郎・前場裕平（2019）「分かち合い，共に活動や価値を創造する異年齢集団の歩み―壁やイ

レギュラーとの対峙の中で，自己の生き方・在り方を見つめ直す」『子ども発達臨床研究』第 12 号
■ダックワース, A.（神崎朗子訳）（2016）『やり抜く力 GRIT(グリット)』ダイヤモンド社
■辰野千壽（2006）『学び方の科学』図書文化
■田中耕治編著（2005）『時代を拓いた教師たち』日本標準
■田中耕治・水原克敏・三石初雄・西岡加名恵（2011）『新しい時代の教育課程』有斐閣
■田中耕治（2018）「履修主義と修得主義」同編著『よくわかる教育課程（第2版）』ミネルヴァ書房
■辻本雅史（1999）『「学び」の復権』角川書店
■続有恒（1973）『教育心理学の探求』金子書房
■トムリンソン, C. A.（山崎敬人他訳）（2017）『ようこそ，一人ひとりを生かす教室へ――「違い」を力に変える学び方・教え方』北大路書房
■中内敏夫（1983）『学力とは何か』岩波書店
■中内敏夫（2005）『教育評論の奨め』国土社
■中内敏夫（2008）『生活訓練論第一歩』日本標準
■中村高康（2018）『暴走する能力主義』筑摩書房
■仲本正夫（2005）『新・学力への挑戦』かもがわ出版
■新潟大学教育学部附属新潟中学校編（2019）『「主体的・対話的で深い学び」をデザインする「学びの再構成」』東信堂
■西岡加名恵・石井英真・川地亜弥子・北原琢也（2013）『教職実践演習ワークブック』ミネルヴァ書房
■西岡加名恵・石井英真（2019）『教科の「深い学び」を実現するパフォーマンス評価』日本標準
■西川純（2010）『クラスが元気になる！『学び合い』スタートブック』学陽書房
■仁平典宏（2019）「教育社会学――アクティベーション的転回とその外部」下司晶ほか編『教育学年報 11　教育研究の新章』世織書房
■「日本型教育の海外展開事業」（EDU-Port ニッポン）に関する文科省のホームページ（https://www.eduport.mext.go.jp/）
■野里博和（2020）「人工知能の現状とその産業利用や教育への影響について」京都大学大学院教育学研究科教育実践コラボレーションセンター主催，第 32 回知的コラボの会（2020 年2月 27 日）配布資料
■橋本憲幸（2019）「国際教育開発論の思想課題と批判様式――文化帝国主義と新自由主義の理論的超克」『教育学研究』第 86 巻第 4 号
■波多野誼余夫編（1980）『自己学習能力を育てる』東京大学出版会
■樋口直宏（2013）『批判的思考指導の理論と実践』学文社
■樋口万太郎・堀田龍也（2020）『やってみよう！　小学校はじめてのオンライン授業』学陽書房
■広田照幸編（2009）『自由への問い⑤教育』岩波書店
■久田敏彦監修・ドイツ教授学研究会編（2013）『PISA 後の教育をどうとらえるか』八千代出版
■深谷圭助（2006）『7歳から「辞書」を引いて頭をきたえる』すばる舎
■藤岡信勝（1989）『授業づくりの発想』日本書籍
■藤澤伸介（2002）『ごまかし勉強（上）（下）』新曜社
■藤田英典（2005）『義務教育を問いなおす』筑摩書房
■米国学術研究推進会議編著（森敏昭他監訳）（2002）『授業を変える』北大路書房
■ホーン, M. B. & ステイカー, H.（小松健司訳）（2017）『ブレンディッド･ラーニングの衝撃　「個別カリキュラム×生徒指導×達成度基準」を実現したアメリカの教育革命』教育開発研究所
■本田由紀（2005）『多元化する「能力」と日本社会――ハイパー・メリトクラシー化のなかで』NTT 出版
■本田由紀（2014）『もじれる社会』筑摩書房
■本田由紀（2020）『教育は何を評価してきたのか』岩波書店
■松岡亮二（2019）『教育格差』筑摩書房
■松沢哲郎（2011）『想像するちから――チンパンジーが教えてくれた人間の心』岩波書店
■松下佳代編著（2010）『〈新しい能力〉は教育を変えるか』ミネルヴァ書房
■松村暢隆（2003）『アメリカの才能教育』東信堂

■溝上慎一（2019）「主体的な学習とは―そもそも論から『主体的・対話的で深い学び』まで―」（http://smizok.net/education/subpages/a00019(agentic).html）
■宮島年夫（2007）「個別学習と集団学習をつなぎ個性と協調性を同時に育てる」『VIEW21 小学版』2007 年 1 月号
■宮本健市郎（2005）『アメリカ進歩主義教授理論の形成過程』東信堂
■「未来の教室」のホームページ（https://www.learning-innovation.go.jp/about/）
■森直人（2011）「個性化教育の可能性――愛知県東浦町の教育実践の系譜から」宮寺晃夫編『再検討・教育機会の平等』岩波書店
■森口佑介（2019）『自分をコントロールする力』講談社
■文部科学省「新型コロナウイルス感染症の影響を踏まえた学校教育活動等の実施における『学びの保障』の方向性等について（通知）」（2020 年 5 月 15 日）
（https://www.mext.go.jp/content/20200515-mxt_kouhou01-000004520_5.pdf）
■文部科学省「新型コロナウイルス感染症対策に伴う児童生徒の『学びの保障』総合対策パッケージ」（2020 年 6 月 5 日）
（https://www.mext.go.jp/content/20200605-mxt_syoto01-000007688_2.pdf）
■文部科学省初等中等教育局教育課程課教育課程企画室（2018）
「OECD Education 2030 プロジェクトについて」『初等教育資料』第 967 号
■山岸俊男（2010）『心でっかちな日本人』筑摩書房
■山脇直司（2004）『公共哲学とは何か』筑摩書房
■吉本均（1995）『思考し問答する学習集団――訓育的教授の理論』明治図書
■吉本均（2006）『吉本均著作選集 4　授業の演出と指導案づくり』明治図書
■リヒテルズ直子・苫野一徳（2016）『公教育をイチから考えよう』日本評論社
■リヒテルズ直子（2019）『イエナプラン実践ガイドブック』教育開発研究所
■レイヴ, J. & ウェンガー, E.（佐伯胖訳）（1993）『状況に埋め込まれた学習――正統的周辺参加』産業図書
■レンズーリ, J. S.（松村暢隆訳）（2001）『個性と才能をみつける総合学習モデル』玉川大学出版部

［著者紹介］石井英真（いしい てるまさ）

京都大学大学院教育学研究科准教授，博士（教育学）

日本教育方法学会理事，日本カリキュラム学会理事，文部科学省中央教育審議会「児童生徒の学習評価に関するワーキンググループ」委員，「教育課程部会」委員など。
主な著書に，『再増補版 現代アメリカにおける学力形成論の展開―スタンダードに基づくカリキュラムの設計―』（単著，東信堂），『時代を拓いた教師たち』Ⅰ・Ⅱ（共著，日本標準），『今求められる学力と学びとは―コンピテンシー・ベースのカリキュラムの光と影―』，『中教審「答申」を読み解く』（共に単著，日本標準），『小学校発 アクティブ・ラーニングを超える授業―質の高い学びのヴィジョン「教科する」授業―』，『教師の資質・能力を高める！ アクティブ・ラーニングを超えていく「研究する」教師へ―教師が学び合う「実践研究」の方法―』，『小学校 新教科書ここが変わった！ 算数』（共に編著，日本標準），『授業づくりの深め方――「よい授業」をデザインするための5つのツボ』（単著，ミネルヴァ書房），『中学校「荒れ」克服10の戦略――本丸は授業改革にあった！』（共著，学事出版），『新しい教育評価入門――人を育てる評価のために』（共著，有斐閣），『授業改善8つのアクション』，『流行に踊る日本の教育』（共に編著，東洋館出版社），『教育学年報11　教育研究の新章』（共編著，世織書房）など

未来の学校

ポスト・コロナの公教育のリデザイン

2020年 9 月25日　第1刷発行
2021年12月20日　第5刷発行

著　者　石井英真
発行者　河野晋三
発行所　株式会社 日本標準
〒167-0052　東京都杉並区南荻窪3-31-18
電話　03-3334-2640［編集］
03-3334-2620［営業］
URL　https://www.nipponhyojun.co.jp/

編集協力・デザイン　株式会社 コッフェル
印刷・製本　株式会社 リーブルテック

ISBN 978-4-8208-0697-4